10|18
12, avenue d'Italie – Paris XIIIe

Du même auteur
dans la collection 10/18

LES CITES DE LA NUIT ÉCARLATE, n° 1622
LES GARÇONS SAUVAGES, n° 1142
LA MACHINE MOLLE, n° 545
QUEER, n° 1903

JUNKY

PAR

WILLIAM S. BURROUGHS

Traduit de l'américain
par Catherine CULLAZ et Jean-René MAJOR

Nouvelle édition non expurgée,
complétée et entièrement revue
par Philippe Mikriammos

Introduction d'Allen Ginsberg

10|18

« Domaine étranger »
dirigé par Jean-Claude Zylberstein

PIERRE BELFOND

Si vous désirez être régulièrement tenu au courant
de nos publications, écrivez-nous :
Éditions 10/18
12, avenue d'Italie
75627 Paris Cedex 13

Titre original:
Junky

ISBN 2-264-01103-3

INTRODUCTION

Je connaissais Bill Burroughs depuis Noël 1944 et, au début des années cinquante, nous échangions une volumineuse correspondance. J'avais toujours respecté en lui un aîné possédant plus de sagesse que moi, et c'est d'ailleurs avec étonnement que je constatai, dans les premières années de nos relations, qu'il me manifestait de son côté du respect. Le temps passant et au gré de la fortune de chacun — moi me retrouvant quelque temps dans la solitude d'un asile de dingues, lui suivant sa trajectoire et ses tragédies propres —, j'eus l'audace de présumer de ce que je pensais être chez lui de la timidité et je l'encourageai à écrire de la prose. Dès cette époque, Kerouac et moi nous considérions comme écrivains-poètes de par le Destin, tandis que Bill hésitait beaucoup à faire un tel théâtre de lui-même. Quoi qu'il en soit, il répondait à mes lettres par des chapitres de Junkie, *commencé je crois comme croquis de curiosités mais bientôt devenu dans son esprit — à ma surprise ravie — une suite de fragments très travaillés constituant une narration sur un sujet. C'est ainsi que le plus gros du manuscrit arriva par séquences dans mon courrier, en partie à Paterson, New Jersey. Je croyais que je l'encourageais. Mais je me dis maintenant que c'est peut-être bien lui qui m'encourageait à rester en contact actif avec le monde, moi qui m'étais retiré chez mes parents après huit mois passés en hôpital psychiatrique pour contretemps hippie avec la loi.*

Cela s'est passé il y a plus d'un quart de siècle, et je ne me rappelle pas la structure de notre correspondance — laquelle s'est poursuivie pendant des années, de continent à continent et d'une côte à l'autre, et qui fut la méthode grâce à laquelle nous assemblâmes non seulement le texte de Junkie *mais aussi celui des* Lettres du yage, *de* Queer *(inédit à ce jour) et d'une grande partie du* Festin nu. *Scandaleusement, Burroughs a détruit un grand nombre de ses épîtres personnelles datant du milieu des années cinquante et que j'avais confiées à sa garde — lettres manifestant des sentiments d'affection nettement plus prononcés que ce qu'il montre généralement au public —, si bien que, hélas ! cet aspect charmant de l'autrement Invisible Inspecteur Lee a été à tout jamais placé à discrétion derrière le Rideau des Belles Lettres.*

Une fois que le manuscrit fut complet, je me mis en devoir d'aller le montrer à différents camarades de classe ou d'asile psychiatrique ayant réussi à s'établir dans l'Edition — ambition qui était également mienne mais dans laquelle j'échouais — à la suite de quoi, frustré et incompétent en affaires du monde, je me mis à me concevoir comme Agent littéraire secret. Jason Epstein lut le manuscrit du Junkie *de Burroughs (bien entendu il connaissait Burroughs de légende depuis l'époque de Columbia) et conclut que si cela avait été écrit par Winston Churchill, ce serait intéressant ; mais étant donné que la prose de Burroughs était « quelconque » (point que je discutai autant qu'il me fut possible dans son bureau, chez Doubleday, avant d'être pris d'un malaise, entouré par tant de Réalité... l'ypérite dégagé par les sinistres directeurs littéraires pleins d'intelligence... ma propre paranoïa ou mon inexpérience de la Grande Bêtise des Immeubles d'Affaires de New York), publier ce livre n'était d'aucun intérêt. Cette saison-là, je trimballai aussi partout les chapitres proustiens du* Visions of Cody *de Kerouac qui devaient par la suite donner la vision de* Sur la route. *Et j'ai porté* Sur la route *d'une maison d'édition à une autre. Louis Simpson, qui se remettait lui-même chez Bobbs-Merrill d'une dépression nerveuse, ne trouva non plus aucun mérite artistique à ces manuscrits.*

Par un coup de chance colossal, mon Compagnon du N.Y. State Psychiatric Institute, Carl Solomon, reçut un emploi de son oncle, Mr. A.A. Wyn, de la maison Ace Books. Solomon possédait l'humour et le goût littéraire de ces documents — quoique, encore sous le choc de ses propres extravagances dadaïstes, lettristes et paranoïa-critiques, il se méfiât, à l'instar de Simpson, du romantisme criminel ou vagabond de Burroughs et de

Kerouac. (J'étais moi-même à cette époque un gentil jeune Juif ayant un pied dans l'écriture bourgeoise et la versification métaphysique soigneusement ciselée et scandée — mais à peine.) Ces livres indiquaient certainement que nous étions en plein dans une crise d'identité préfigurant une dépression nerveuse des Etats-Unis tout entiers. D'autre part, la ligne que suivaient les livres de poche Ace Books était dans l'ensemble du ragoût commercial, avec de temps à autre un roman français ou une histoire de durs glissés nerveusement dans la liste par Carl tandis que l'Oncle clignait des yeux.

Solomon pensait que nous (les trois gars, Bill, Jack, Moi) nous fichions de la vraie Paranoïa que lui, en tant que conseiller littéraire, devait affronter avec des textes pareils — nous n'étions pas dans *cette situation comme lui l'était. Le contexte familial et psychiatrique de Carl, les responsabilités éditoriales, l'inquiétude que son oncle le croie mentalement malade — tout cela pour dire que ce fut un acte de bravoure de sa part de sortir « ce genre de chose », un livre sur la Came, et de donner à Kerouac une avance de 250 dollars sur un roman en prose. « J'ai failli faire une dépression nerveuse avec ce maudit bidule — la peur et la frayeur de devoir travailler avec ce matériau s'accumulaient. »*

Il y avait alors — ce qui n'a pas totalement disparu aujourd'hui, avec les restes de vibrations de paranoïa officielle et policière entretenue par les différentes brigades des stupéfiants — une manière de penser implicite ou une supposition très marquée selon laquelle, si on parlait tout haut d'« herbe » (et plus encore de Came) dans l'autobus ou le métro, on était passible d'arrestation — même si on se contentait de discuter d'une modification de la législation. Il était pour ainsi dire illégal de parler de drogue. Une décennie plus tard, on ne pouvait toujours pas participer à une discussion publique nationale à la télévision sur ces lois sans que le Narcotics Bureau et le FCC se mêlent de dénoncer le débat quelques semaines plus tard, extraits du film de l'émission à l'appui. C'est de l'histoire. Mais la peur et la frayeur dont parle Solomon étaient si réelles qu'elles avaient été intériorisées par l'industrie de l'édition pour grand public,*

* Commission de contrôle cinématographique. (N.D.T.)

et qu'avant de pouvoir imprimer un tel livre, il fallait insérer dans le texte toutes sortes de désaveux de l'éditeur. Sans quoi, ce dernier risquait d'être impliqué criminellement en même temps que l'auteur, et de peur que le public ne soit égaré par les opinions arbitraires de l'auteur, en désaccord avec les « autorités médicales reconnues » — lesquelles étaient en ce temps-là prisonnières du Narcotics Bureau (20 000 docteurs furent en effet traduits en justice pour tentatives de soins à des camés et des milliers furent frappés d'amendes et emprisonnés entre 1935 et 1953, au cours de ce que la N.Y. County Medical Association a appelé « une guerre contre les docteurs »).

La vérité toute simple et toute nue est que, de mèche avec le crime organisé, les brigades des stupéfiants se livraient sous la table au trafic de la drogue et avaient pour cela édifié des mythes qui renforçaient la « criminalisation » des drogués au lieu d'insister sur les soins médicaux. Le motif en était clair et net : appât du gain, du profit, chantage et bénéfices illégaux aux dépens d'une catégorie de citoyens classifiés comme « pervers » par la presse et la police. L'histoire des relations entre police et bureaucratie du Syndicat et du fonctionnement de ces relations a été éclairée dès le début des années soixante-dix par divers livres et rapports officiels (notamment le rapport du comité Knapp de New York en 1972 et The Politics of Opium in Indochina *par Al McCoy).*

Le sujet — in medias res *— était considéré comme si outré qu'on demanda à Burroughs de donner une préface expliquant qu'il était d'une famille distinguée — sous le pseudonyme de William Lee — et indiquant tant bien que mal comment un citoyen sensément normal pouvait arriver à devenir un drogué, afin d'amortir le choc pour lecteurs, censeurs, journalistes, policiers, yeux critiques derrière les murs et les rayons de librairies, et Dieu sait qui encore. Carl rédigea une introduction embarrassée simulant l'opinion de la santé mentale et présentant le livre en tant qu'éditeur. Peut-être d'ailleurs ne simulait-il pas. On coupa une certaine description littéraire de la société rurale texane sous prétexte qu'elle ne se rapportait pas au climat de rudesse angoissée qui constituait le sujet non littéraire du livre. Et, je le répète, les déclarations médico-politiques cruciales de William Lee étaient aussi-*

tôt désavouées (et mises entre parenthèses) par l'éditeur.

En tant qu'agent, je négociai un contrat acceptant tous ces obscurcissements et concédant à Burroughs une avance de huit cents dollars sur un tirage de cent mille exemplaires et dans une édition comprenant, imprimé tête-bêche — en 69, pour ainsi dire —, un autre livre sur la drogue, écrit par un ex-agent des Stupéfiants. Piteux emballage, c'est sûr, mais d'un autre côté, étant donné notre naïveté, une sorte de joli miracle qui fit que ce texte fut bien imprimé et lu au cours des dix années suivantes par un million de cognoscenti, *qui ne furent pas sans en apprécier l'intelligence factuelle, la clarté de perception, la précision d'une langue dépouillée, la syntaxe directe et les images mentales — ainsi que l'ampleur de la vue sociologique, l'attitude culturelle révolutionnaire envers bureaucratie et lois, et le regard pince-sans-rire sur le monde du crime.*

Je suis curieux de voir la destinée culturelle de ce livre, et comment une génération postérieure, à qui importe peut-être peu le choc historique créé par ce livre à son époque parmi les amis de l'auteur, réagira aux éternelles qualités de prosateurs que Kerouac, moi-même et d'autres eurent la surprise de trouver dans le premier livre de Burroughs. J'ai donc demandé à un jeune poète de 19 ans, Jonathan Robbins, d'apporter quelques remarques sur ce livre du point de vue irremplaçable de quelqu'un qui n'était pas né lorsqu'il fut pour la première fois publié :

« La réserve dont Burroughs fait preuve quand il traite des sujets les plus grotesques permet la description là où un auteur mineur tomberait dans la polémique. Ses commentaires sur son propre texte prennent la forme du choix, ou de l'alternance, d'événements plutôt que d'une évaluation directe de leur valeur thématique. Les événements sont observés de la même manière que des détails physiques.

« Le personnage Lee est un homme de conscience... son remords prend la forme de descriptions précises de ses méfaits, sans justification. C'est un homme honnête. Mr. Buroughs possède un sens trop élevé de l'art pour avoir recours au sentiment. L'absence de sybaritisme intellectuel chez Lee lui confère un équilibre de saint quand bien même c'est un drogué et un jouisseur. La maîtrise

qu'il possède de lui-même donne aux libertés qu'il prend un air de peccadilles.

« Ses personnages sont presque des situations. Appeler ce style froid ou sans passion est une erreur, et une erreur naïve. Seule une nature profondément sensible peut être assez réceptive à l'horreur pour parvenir presque à la définir en se contentant de la décrire. Les figures de rhétorique, les métaphores et autres, dans Junkie, *semblent fréquemment posséder une vie indépendante de l'histoire racontée... on sent que dans des romans ultérieurs, elles auront même un esprit propre. »*

Burroughs n'a pas créé que des métaphores mais bien de vivantes générations possédant un esprit qui leur est propre.

Allen Ginsberg
19 septembre 1976, New York.

PROLOGUE

Je suis né en 1914 dans une maison de brique de trois étages, bien bâtie et située dans une grande ville du Midwest. Mes parents étaient aisés. Mon père possédait et dirigeait une affaire de bois. La maison avait une pelouse sur le devant, une arrière-cour avec un jardin, une mare à poissons, le tout entouré d'une haute barrière de bois. Je me rappelle le lampiste qui allumait les réverbères à gaz dans la rue et l'énorme Lincoln noire et luisante qui nous emmenait promener le dimanche dans le parc. Tous les accessoires d'un mode de vie sûr et confortable qui a maintenant disparu à jamais. Je pourrais y aller d'un de ces vieux blablas nostalgiques à propos du vieux docteur allemand qui habitait la maison voisine et des rats qui couraient dans la cour et de la voiture électrique de ma tante et de mon crapaud favori qui vivait près de la mare à poissons.

En fait, mes plus anciens souvenirs sont teintés d'une peur des cauchemars. J'avais peur d'être seul, et peur du noir, et peur de m'endormir à cause de rêves où une horreur surnaturelle semblait toujours sur le point de prendre forme. J'avais peur qu'un jour en me réveillant, le rêve ne fût pas parti. Je me souviens avoir entendu une bonne parler d'opium et dire qu'en fumer donne de beaux rêves et je me dis : je fumerai de l'opium quand je serai grand.

Etant enfant, j'étais sujet aux hallucinations. Une fois en me réveillant tôt le matin, je vis des petits bonshommes jouer dans le fortin que j'avais construit. Je ne ressentis aucune peur, seulement une sensation de calme et d'émerveillement. J'avais souvent une autre hallucination ou cauchemar qui concernait des « animaux dans le mur » et qui apparut dans le délire d'une fièvre étrange et non diagnostiquée que j'eus vers quatre ou cinq ans.

On m'envoya à l'école avec les futurs bons citoyens, les avocats, docteurs et hommes d'affaires d'une grande ville du Midwest. J'étais timide avec les autres enfants et craignais la violence physique. Une certaine petite lesbienne agressive me tirait les cheveux chaque fois qu'elle me voyait. J'aimerais aujourd'hui encore lui défoncer la face mais il y a des années, elle est tombée de cheval et s'est cassé le cou.

Alors que j'avais sept ans environ, mes parents décidèrent de déménager vers la banlieue « pour échapper aux gens ». Ils achetèrent une grande maison avec du terrain et des bois et une mare à poissons avec des écureuils au lieu de rats. Ils vécurent dans cette capsule confortable, avec un jardin magnifique, et coupés de tout contact avec la vie urbaine.

Je suis allé dans une école secondaire privée de banlieue. Je n'étais pas remarquablement bon ou mauvais en sport, ni brillant ni en retard dans mes études. Les mathématiques ou tout ce qui était mécanique étaient vraiment mon point faible. Je n'ai jamais aimé les compétitions d'équipes et les évitais autant que possible. En fait, je devins un tire-au-flanc chronique. Par contre j'aimais pêcher, chasser et faire des balades. Je lisais plus que de coutume pour un petit Américain de cette époque et de ce milieu : Oscar Wilde, Anatole France, Baudelaire, Gide même. J'eus une liaison romantique avec un autre garçon et nous passions nos samedis à explorer les vieilles carrières montés sur nos bicyclettes et pêchant dans les étangs et les rivières.

A cette époque, je fus énormément impressionné par l'autobiographie d'un cambrioleur intitulée *You Can't Win*. L'auteur prétendait avoir passé une bonne partie de sa vie en prison. Cela me parut bien, comparé à la platitude de cette banlieue du Midwest où tout contact avec la vie était coupé. Je vis en mon ami un allié, un partenaire dans le crime. Nous découvrîmes une usine abandonnée et cassâmes tous les carreaux et volâmes un burin. On nous attrapa et nos pères durent rembourser les dégâts. Après ça, mon ami « se fit la malle » car notre relation mettait en danger sa position dans la société. Je vis qu'il n'y avait pas de compromis possible avec le groupe, avec les autres, et je me suis retrouvé très seul.

Mon entourage était vide, mon antagoniste se cachait et je me laissai aller à des aventures en solo. Mes actes criminels étaient de simples gestes, sans profit et généralement impunis. Je m'introduisais par effraction dans des maisons et les visitais sans rien y prendre. A vrai dire, je n'avais pas besoin d'argent. Parfois je faisais des virées en voiture dans la campagne avec un 22 long rifle et tuais des poulets. Je semais le danger sur les routes en conduisant imprudemment jusqu'à ce qu'un accident, dont je ressortis par miracle et par prodige sans égratignures, me fasse peur et me ramène à une prudence normale.

Je suis allé à l'une des trois grandes universités, où j'ai passé une licence de littérature anglaise par manque d'intérêt pour tout autre sujet. Je haïssais l'université et je haïssais la ville où elle était située. Tout dans cet endroit était mort. L'université était un faux décor anglais entre les mains de diplômés de faux collèges anglais. J'étais seul. Je ne connaissais personne et les inconnus étaient considérés avec aversion par la corporation fermée des bons partis.

Par hasard je rencontrai quelques riches homosexuels appartenant à la société homosexuelle internationale qui parcourt le monde, se retrouvant dans les boîtes de pédales de New York au Caire. Je vis en eux un mode de vie, un vocabulaire, des références, tout un système symbolique comme disent les sociologues. Mais ces gens étaient pour la plupart des tartes et après une période initiale de fascination, j'ai lâché toute cette bande.

Lorsque j'obtins mon diplôme sans mention, j'avais cent cinquante dollars par mois d'allocation. C'était lors de la dépression et il n'y avait pas de travail et je ne voyais de toute façon aucun métier que j'aurais aimé exercer. Je traînai en Europe pendant un an environ. Des restes de la déchéance d'après-guerre y subsistaient encore. Les dollars américains pouvaient acheter un bon pourcentage des habitants de l'Autriche, mâles ou femelles. C'était en 1936, et les nazis resserraient rapidement leur étau.

Je revins aux Etats-Unis. Grâce à mon allocation, je pouvais vivre sans travailler ou faire la retape. J'étais encore coupé de la vie comme je l'avais été dans la banlieue du Midwest. Je bricolais avec des cours supérieurs de psychologie et des leçons de jiu-jitsu. Je décidai de faire une psychanalyse qui dura trois ans. Elle fit disparaître inhibitions et angoisse, si bien que je pus vivre de la manière que je voulais. Une grande partie de mes progrès en cours d'analyse s'accomplit en dépit de mon analyste qui n'aimait pas mon « orientation », comme il disait. Il finit par abandonner l'objectivité analytique et jugea que j'étais un « parfait escroc ». Je fus plus content des résultats que lui.

Après avoir été rejeté pour des raisons physiques de cinq programmes de formation d'officiers, je fus incorporé dans l'armée et déclaré bon pour le service illimité. Je décidai que je n'allais pas aimer l'armée et m'en tirai en jouant sur mon dossier de dingue — je m'étais un jour fait le coup Van Gogh en me coupant l'articulation d'un doigt pour impressionner quelqu'un qui m'intéressait à l'époque. Les psychiatres n'avaient jamais entendu parler de Van Gogh. Ils me diagnostiquèrent comme schizophrène et en plus, de type paranoïaque pour expliquer le fait troublant que je savais où j'étais et qui était le président des Etats-Unis. Lorsque les militaires virent ce diagnostic, ils me réformèrent avec cette observation : « Cet homme ne doit plus jamais être rappelé ou figurer dans nos dossiers. »

Après avoir pris congé de l'armée, je tâtai de divers boulots. On pouvait trouver presque n'importe quel travail à cette époque. Je travaillai comme détective privé, exterminateur de parasites, barman. Je travaillai dans des usines et des bureaux. Je jouais sur les bords du crime. Mais j'avais toujours mes cent cinquante dollars par mois. Je n'étais pas obligé de gagner de l'argent. Ça semblait une extravagance romantique de mettre en danger ma liberté avec des actes criminels symboliques. C'est à cette époque et dans ces circonstances que j'entrai en contact avec la came, devins drogué et de cette manière acquis la motivation, le besoin réel d'argent que je n'avais jamais connu auparavant.

On pose fréquemment la question : pourquoi devient-on drogué ?

La réponse est qu'habituellement on n'a pas l'intention de le devenir. On ne se réveille pas un matin en décidant d'être drogué. Il faut se piquer deux fois par jour pendant au moins trois mois pour acquérir la moindre accoutumance. Et on ne sait pas vraiment ce qu'est le manque tant qu'on n'a pas été accoutumé plusieurs fois. Ça m'a pris presque six mois pour contracter ma première accoutumance, après quoi les symptômes de sevrage furent modérés. Je ne pense pas qu'il soit exagéré de dire que ça prend un an environ et plusieurs centaines d'injections pour devenir drogué.

On pourrait évidemment poser les questions suivantes : pourquoi avez-vous jamais essayé les narcotiques ? Pourquoi avez-vous continué à en utiliser suffisamment longtemps pour devenir drogué ? On devient drogué parce qu'on n'a pas de fortes motivations dans aucune autre direction. La came l'emporte par défaut. J'ai essayé par curiosité. Je me piquais comme ça, quand je touchais. Je me suis retrouvé accroché. La plupart des drogués à qui j'ai parlé rapportèrent une expérience semblable. Ils ne s'étaient pas mis à employer des drogues pour une quelconque raison dont ils pussent se souvenir. Ils se piquaient comme ça, jusqu'à ce qu'ils accrochent. Si on n'a jamais été intoxiqué, on ne peut pas avoir une idée claire de ce que signifie avoir besoin de came avec ce besoin spécifique du drogué. On ne décide pas d'être drogué. Un matin, on se réveille malade et on est drogué.

Je n'ai jamais regretté mon expérience avec les drogues. Je considère que je suis en meilleure santé maintenant, après m'être camé à intervalles irréguliers, que si je n'avais jamais été drogué. Quand on arrête de se développer, on commence à mourir. Un drogué n'arrête jamais de se développer. La plupart des utilisateurs laissent tomber périodiquement, ce qui implique un rétrécissement de l'organisme et le remplacement des cellules qui dépendent de la came. L'utilisateur est dans un état constant de rétrécissement et de développement selon son cycle journalier piqûre-besoin de la piqûre.

La plupart des drogués ont l'air plus jeunes qu'en réalité. Des savants ont récemment fait des expériences avec un ver qu'ils furent en mesure de rétrécir en le privant de nourriture. En rétrécissant périodiquement le ver afin qu'il soit en état de développement continu, la vie du ver fut prolongée indéfiniment. Peut-être que si un camé pouvait se maintenir dans un état constant de renonce, il vivrait jusqu'à un âge phénoménal.

La came est une équation cellulaire qui enseigne à l'utilisateur des faits d'une valeur générale. J'ai énormément appris en utilisant la came : j'ai vu la vie mesurée dans des gouttes de solution de morphine. J'ai vécu la privation atroce du sevrage et le plaisir du soulagement lorsque les cellules assoiffées de came boivent à la seringue. Tout plaisir n'est peut-être que dans le soulagement. J'ai appris le stoïcisme cellulaire que la came enseigne à l'utilisateur. J'ai vu une cellule de prison pleine de camés malades, silencieux et immobiles dans leur misère individuelle. Ils savaient la vanité de se plaindre ou de bouger. Ils savaient que, fondamentalement, personne ne peut aider personne. Personne ne possède de clé, de secret qu'il pourrait vous révéler.

J'ai appris l'équation de la came. La came n'est pas, comme l'alcool ou l'herbe, un moyen de jouir davantage de la vie. La came n'est pas un plaisir. C'est un mode de vie.

Ma première expérience de la drogue remonte à la guerre, vers 1944 ou 1945. J'avais fait la connaissance d'un type nommé Norton, qui travaillait dans un chantier naval à cette époque. Norton — dont le vrai nom était Morelli ou quelque chose d'approchant — avait été congédié de l'armée avant la guerre à cause d'un faux chèque et jugé indésirable en raison de son sale caractère. Il ressemblait à Georges Raft, en plus grand. Norton essayait d'améliorer son anglais et d'acquérir des manières affables. Toutefois, l'affabilité ne lui était pas naturelle. Quand il ne se surveillait pas, son expression était méchante et maussade et l'on pouvait être sûr qu'il reprenait son air mauvais dès qu'on lui tournait le dos.

Norton était un voleur toujours aux aguets et il ne se sentait bien que s'il volait tous les jours quelque chose sur son chantier naval : un outil, quelques boîtes de conserves, une salopette, n'importe quoi. Un jour, il m'appela pour me dire qu'il avait volé une mitraillette. Pouvais-je trouver un acheteur ? Je lui dis : « Peut-être. Amène-là. »

C'était le début de la crise du logement. Je louais pour quinze dollars par semaine un appartement crasseux qui donnait sur une échelle de secours et ne recevait jamais le soleil. Le papier peint se décollait par endroits parce que le radiateur fuyait, dans les rares occasions où il fonctionnait ; j'avais dû condamner les fenêtres en les calfeutrant avec du papier journal ; l'endroit grouillait de cafards et, de temps à autre, j'écrasais une punaise.

J'étais assis près du radiateur, un peu moite à cause des fuites de vapeur, lorsque j'entendis Norton frapper. J'ouvris la porte et le vis debout sur le palier sombre, un gros paquet enveloppé dans du papier kraft sous le bras. Il sourit et dit : « Salut. »

— Entre, Norton, dis-je ; et donne-moi ton manteau.

Il sortit la mitraillette ; nous la remontâmes et fîmes claquer le percuteur.

Je lui dis que je trouverais un acheteur.

Norton ajouta :

— Oh, j'ai aussi trouvé ça.

C'était une boîte plate, jaune, contenant cinq syrettes* de 32 mg de tartrate de morphine.

— Ce n'est qu'un échantillon, dit-il en montrant la morphine. J'en ai quinze autres boîtes à la maison et je peux m'en procurer d'autres, si tu fourgues celle-ci.

— Je verrai ce que je peux faire, dis-je.

A cette époque, je n'avais jamais pris de came et il ne m'était pas venu à l'esprit d'y toucher. Je me mis en quête d'un acheteur pour les deux articles et c'est ainsi que je fis la connaissance de Roy et d'Herman. Je connaissais un petit truand, natif du nord de l'Etat de New York, qui travaillait comme cuistot chez Riker's, « histoire de se faire oublier », comme il l'expliquait. Je l'appelai pour lui dire que j'avais quelque chose à fourguer et lui donnai rendez-vous à l'*Angle*, un bar de la 8e Avenue près de la 42e Rue.

Ce bar était le quartier général des voyous de

---

* Flacon souple muni d'une aiguille et rempli d'un médicament que l'on injecte directement. (N.D.T.)

la 42e Rue, une bande de petits demi-sel. Ils étaient perpétuellement à la recherche d'un « cerveau » capable de monter des coups et de leur dire exactement ce qu'il fallait faire. Comme aucun « professionnel » n'aurait accepté de s'acoquiner avec des types aussi visiblement nuls et abonnés à la guigne, ils s'obstinaient à chercher, tout en racontant d'énormes bobards sur leurs gros coups, se faisant oublier en travaillant comme plongeurs, barmans, ou serveurs, tabassant à l'occasion un ivrogne ou un pédé timide, toujours à la recherche du « cerveau » sur une grosse affaire qui leur dirait un jour : « Je t'ai bien observé. Tu es le type dont j'ai besoin pour ce coup. Maintenant, écoute-moi... »

Jack — qui me présenta Roy et Herman — ne faisait pas partie de ces brebis égarées à la recherche d'un berger portant diamant au doigt, pistolet sous l'aisselle, à la voix dure et ferme, parlant de combines et de grosses affaires, avec une voix qui faisait passer un vol à main armée pour une opération facile et sûre. Cela marchait quelquefois très bien pour Jack, qui arrivait alors vêtu de neuf ou même avec une nouvelle voiture. C'était aussi un menteur invétéré, qui paraissait mentir davantage pour son plaisir personnel que pour un public quelconque. Il avait des traits bien dessinés, un visage sain de campagnard avec cependant quelque chose de curieusement maladif. Il était sujet à de brusques variations de poids, comme un diabétique ou un hépatique. Ces variations de poids étaient souvent accompagnées d'une bougeotte incontrôlable, qui le faisait disparaître pour quelques jours.

Cela causait une étrange impression. On le voyait un jour, l'air juvénile et le teint frais. La semaine suivante, il était si maigre, tout jaune et vieilli, qu'il fallait le regarder à deux fois avant de le reconnaître. Son visage était devenu un masque de souffrance que seuls les yeux démentaient. Ses cellules étaient les seules à souffrir. Lui-même — le moi conscient qui veillait dans ces yeux glacés, vigilants et calmes de voyou — ne voulait rien savoir de la souffrance de son autre moi qu'il rejetait, souffrance du système nerveux, de la chair, des viscères et des cellules.

Il se glissa dans le box où j'étais assis et commanda un whisky. Il l'avala d'un trait, reposa son verre et me considéra, la tête légèrement inclinée.

— Qu'a-t-il à fourguer, ce type ? dit-il.

— Une mitraillette et environ trente-cinq grains* de morphine.

— La morphine, je peux l'écouler tout de suite, mais pour ce qui est de la mitraillette, cela risque de prendre un peu plus de temps.

Deux inspecteurs entrèrent et s'accoudèrent au comptoir pour parler au barman.

Jack fit un signe de tête dans leur direction :

— Les flics. Allons faire un tour.

Je le suivis hors du bar. Il passa la porte en détournant la tête.

— Je t'emmène chez quelqu'un qui prendra la morphine, dit-il. Je te conseille d'oublier cette adresse.

Nous descendîmes dans le métro. La voix de Jack, parlant à son public invisible, ronronnait. Il avait le chic pour projeter sa voix directement dans votre conscience. Aucun autre bruit extérieur ne pouvait accaparer votre attention.

— Tu me mets un 38 dans les mains quand tu veux. Relève seulement le chien et laisse-moi faire. Je peux descendre n'importe qui à cinq cents pas. Me fous pas mal de ce que tu pourras dire. Mon frère a deux mitraillettes de calibre 30 planquées dans l'Iowa.

Nous sortîmes du métro et suivîmes un trottoir

* Le grain égale six centigrammes. (N.D.T.)

couvert de neige entre deux rangées d'immeubles.

— Le type me devait de l'argent depuis longtemps, tu vois ? Je savais qu'il pouvait me rembourser, mais il ne voulait pas ; alors je l'ai attendu à la sortie de son travail. J'avais un rouleau de pièces. Personne ne peut t'arrêter parce que tu trimbales de la monnaie sur toi. M'a dit qu'il était fauché. Je lui ai brisé la mâchoire et je lui ai repris mon oseille. Deux de ses copains étaient là, mais ils sont restés en dehors du coup. Sinon j'aurais sorti mon couteau.

Nous montions l'escalier d'un immeuble. Les marches étaient en métal noir, usé. Nous nous arrêtâmes devant une étroite porte métallique et Jack frappa suivant un code, la tête penchée en avant comme un perceur de coffre-fort. La porte fut ouverte par un pédé entre deux âges, gras et flasque, dont les avant-bras et même le dos des mains étaient tatoués.

— Ça, c'est Joey, dit Jack.

Et Joey dit :

— Salut.

Jack tira un billet de cinq dollars de sa poche et le tendit à Joey.

— Sois gentil, Joey, va nous chercher une bouteille de Schenley's.

Joey enfila un pardessus et sortit.

Dans beaucoup d'appartements pauvres, la porte d'entrée ouvre directement sur la cuisine. Tel était celui-ci et nous nous trouvions dans la cuisine.

Après le départ de Joey, je remarquai un autre type qui me dévisageait. Ses grands yeux marron envoyaient des ondes d'hostilité et de méfiance, un peu comme une émission de télévision. Cela produisait un choc quasi physique. Le type était petit et très maigre et son cou semblait perdu dans son col de chemise. Son teint allait du brun au jaune marbré, et une épaisse couche de fond de teint ne parvenait pas à masquer son éruption de boutons. Sa bouche tombait aux coins en une grimace de susceptibilité contrariée.

— Qui est-ce ? dit-il.

Son nom, je l'appris plus tard, était Herman.

— Un ami à moi. Il a de la morphine à écouler.

— Je ne crois pas que cela m'intéresse, dit Herman en haussant les épaules et en faisant un geste de la main.

— Okay, dit Jack, nous la vendrons à quelqu'un d'autre. Allez, viens, Bill.

Nous passâmes dans la pièce principale. Il y avait un petit poste de radio, un bouddha de porcelaine avec une bougie votive devant, du bric-à-brac. Un homme était étendu sur un canapé. Il s'assit lorsque nous entrâmes dans la pièce et nous dit bonjour en souriant aimablement, montrant des dents brunâtres et tachées. Il avait une voix traînante, comme les gens du Sud, et l'accent de l'est du Texas.

— Roy, je te présente un de mes amis. Il a de la morphine à vendre, dit Jack.

Le type se redressa et posa ses pieds sur le parquet. Sa mâchoire pendait mollement, donnant à son visage un air absent. Sa peau était lisse et brune. De hautes pommettes lui donnaient un air oriental. Il avait les oreilles plantées à angle droit de son crâne asymétrique. Ses yeux marron brillaient d'un éclat particulier, comme s'ils reflétaient des points lumineux que la lumière de la pièce faisait scintiller, comme une opale.

— Combien en avez-vous ? me demanda-t-il.

— Soixante-quinze syrettes d'un demi-grain.

— Le prix normal est de deux dollars le grain, dit-il, mais les syrettes valent un peu moins. Les gens préfèrent les comprimés. Il y a trop d'eau dans les syrettes : il faut les vider et concentrer le contenu. (Il fit une pause et son visage devint inexpressif.) Je pourrais aller jusqu'à un dollar cinquante le grain, reprit-il au bout d'un moment.

— Je pense que ça ira, lui dis-je.

Il me demanda où il pouvait me joindre et je lui donnai mon numéro de téléphone.

Joey revint avec le whisky et nous bûmes tous un verre. Herman passa la tête par la porte de la cuisine et dit à Jack :

— Est-ce que je pourrais te parler une minute ?

Je les entendis discuter. Puis Jack revint et Herman resta dans la cuisine. Nous bûmes encore un verre. Puis Jack repartit dans une de ses histoires :

— Mon associé était en train de fouiller l'appartement. Le type dormait et je me tenais au-dessus de lui avec un morceau de tuyau d'un mètre de long que j'avais déniché dans la salle de bains. Il y avait un robinet à un bout du tuyau. Tout d'un coup, le type se réveille, saute à bas du lit et se met à courir. Je lui file un coup avec le robinet et il continue à courir jusque dans la pièce d'à côté avec son sang qui giclait à trois mètres au-dessus de son crâne chaque fois que son cœur battait. (Il fit le geste de pomper.) On voyait sa cervelle et le sang qui en pissait. (Jack éclata d'un rire hystérique.) Ma nana attendait dans la voiture. Elle m'a traité — ha ! ha ! ha ! — elle m'a traité — ha ! ha ! ha ! — de tueur sadique.

Il riait tellement qu'il en devint violet.

Quelques jours après avoir fait la connaissance de Roy et d'Herman, j'utilisai une syrette et je fis ma première expérience de la came. Une syrette ressemble à un tube de dentifrice muni d'une aiguille. On enfonce une épingle dans l'aiguille ; l'épingle perfore le sceau d'étanchéité et la syrette est prête à l'emploi. La morphine affecte d'abord la face postérieure des jambes, puis la nuque en une onde décontractante qui gagne tout le corps, relâchant les muscles, si bien que vous avez l'impression de flotter sans contours comme dans de l'eau chaude salée. A mesure que cette onde décontractante se répandait dans mes tissus musculaires, j'éprouvais un sentiment de frayeur de plus en plus intense. Il me semblait qu'une vision effrayante se trouvait juste au-delà de mon champ visuel, se déplaçant quand je tournais la tête de sorte que je ne la voyais jamais tout à fait. J'eus la nausée ; je m'allongeai et fermai les yeux. Une série d'images se succédaient comme dans un film : un immense bar éclairé au néon qui grandissait, grandissait jusqu'à englober les rues, la circulation, les travaux de voirie ; une serveuse portant un crâne sur un plateau ; des étoiles dans le ciel clair. Le choc physique de la peur de mourir. L'arrêt de la respiration, de la circulation du sang.

Je m'assoupis, puis m'éveillai dans un sursaut de frayeur. Le lendemain matin je vomis et me sentis nauséeux jusqu'à midi.

Ce soir-là, Roy me téléphona.

— Pour revenir à notre conversation de l'autre soir, dit-il, je pourrais aller jusqu'à quatre dollars la boîte et en prendre cinq tout de suite. Etes-vous occupé ? Je passe chez vous. Nous parviendrons à nous arranger d'une manière ou d'une autre.

Quelques minutes plus tard, il frappa. Il portait un costume à carreaux et une chemise café au lait. Nous nous saluâmes. Il regarda autour de lui d'un air hagard et dit :

— Si vous n'y voyez pas d'inconvénient, je vais en prendre une tout de suite.

J'ouvris la boîte. Il prit une syrette et se l'injecta dans la cuisse. Il se reculotta prestement et sortit vingt dollars. Je mis cinq boîtes sur la table de la cuisine.

— Je crois que je vais les sortir des boîtes, dit-il. Pas très discret.

Il enfouit les syrettes dans les poches de sa veste.

— Je crois que comme ça elles ne risquent rien. Ecoutez, je vous rappelle d'ici un jour ou deux, dès que j'aurai écoulé celles-ci et que je serai de nouveau en fonds. (Il posa son chapeau sur son crâne asymétrique.) A bientôt.

Il revint le lendemain. Il s'injecta une autre syrette et sortit quarante dollars. J'allai chercher dix boîtes et en gardai deux.

— Celles-ci sont pour moi, dis-je.

Il me regarda, surpris.

— Vous en prenez ?

— De temps à autre.

— C'est moche, dit-il en hochant la tête. La pire déchéance pour un type. Au début, tout le monde croit être capable de se contrôler. Quelquefois, on n'a même pas envie de se contrôler. (Il rit.) J'achète tout ce que vous pourrez avoir à ce prix-là.

Le lendemain, il vint de nouveau chez moi. Il me demanda si je n'avais pas changé d'avis et si je ne voulais pas lui vendre les deux boîtes. Je refusai. Il s'acheta deux syrettes à un dollar pièce, s'injecta les deux et sortit, après avoir déclaré qu'il partait en voyage pour deux mois.

Au cours du mois suivant, j'utilisai les huit syrettes que j'avais refusé de vendre. L'angoisse que j'avais ressentie la première fois disparut dès la troisième. Mais il m'arrivait encore de me réveiller dans un sursaut de peur après m'être piqué. Environ six semaines plus tard, je téléphonai à Roy, ne m'attendant pas à ce qu'il fût de retour, mais j'entendis sa voix au bout du fil.

Je lui dis :

— En as-tu encore à vendre ? De ce que je t'avais vendu ?

Il y eut un silence.

— Ou-oui, dit-il, je peux t'en refiler six, mais

elles te coûteront trois dollars pièce. Tu comprends. je n'en ai pas beaucoup.

— C'est d'accord, lui dis-je. Tu connais le chemin. Apporte-les-moi.

Il m'apporta douze comprimés d'un demi-grain dans un mince tube de verre. Je lui réglai dix-huit dollars et il s'excusa de nouveau pour le tarif de détail.

Le lendemain, il me racheta quatre comprimés.

— C'est rudement difficile à se procurer, quel que soit le prix qu'on y mette, en ce moment, dit-il tout en cherchant une veine sur sa jambe.

Finalement, il en trouva une et injecta le liquide en même temps qu'une bulle d'air.

— Si les bulles d'air tuaient, il n'y aurait plus un camé vivant.

Plus tard, ce même jour, Roy me montra une pharmacie où l'on vendait des aiguilles hypodermiques sans poser de questions. Très peu en vendent sans ordonnance. Puis il m'apprit à confectionner un collier de papier pour adapter l'aiguille sur un compte-gouttes. Ceux-ci sont plus faciles à utiliser qu'une seringue normale, surtout pour les intraveineuses. Quelques jours plus tard, Roy m'envoya voir un médecin avec une fable au sujet de calculs rénaux, afin d'obtenir une ordonnance de morphine. La femme du médecin me claqua la porte au nez, mais Roy parvint à forcer le barrage et obtint une ordonnance pour dix grains.

Le cabinet du médecin était situé en territoire came, dans la 102e Rue près de Broadway. Le médecin était un vieux gâteux incapable de se débarrasser des camés qui emplissaient son cabinet et qui, en fait, étaient ses seuls clients. On aurait dit que la vision de sa salle d'attente pleine lui donnait un sentiment d'importance. Il avait sans doute atteint le stade où il pouvait transformer l'apparence des choses au gré de ses rêves, et quand il jetait un coup d'œil dans son salon, il devait y voir une clientèle distinguée et variée, sans doute bien habillée à la mode de 1910, au lieu d'un ramassis de camés renfrognés venus lui extorquer une ordonnance de morphine.

Roy partait en voyage toutes les deux ou trois semaines. Ses voyages, qui consistaient en transports pour l'armée, étaient généralement courts. Lorsqu'il était en ville, nous nous partagions le plus souvent quelques ordonnances. Le vieux toubib de la 102e Rue finit par perdre la boule et aucune pharmacie n'accepta plus de servir ses ordonnances, mais Roy découvrit dans le Bronx un médecin italien qui voulait bien faire des prescriptions bidon.

Je me piquais de temps à autre, mais j'étais encore loin d'être vraiment intoxiqué. Vers cette époque, j'emménageai dans un appartement du Lower East Side. C'était un logement modeste dont la porte d'entrée donnait sur la cuisine.

Je me mis à fréquenter assidûment le bar de l'*Angle* et vis Herman très souvent. Je parvins à corriger la mauvaise impression que je lui avais faite d'abord. Bientôt, je lui payai des verres et des repas et il me tapait régulièrement de quelques pièces de monnaie. Herman non plus n'était pas intoxiqué à ce moment-là. En fait, il se droguait rarement, sauf si quelqu'un d'autre payait la came. Mais il était toujours défoncé à quelque chose : herbe, benzédrine ou barbituriques, qui le rendaient à moitié dingue. Il venait à l'*Angle* tous les soirs, accompagné d'un gros mollasson de Polonais nommé Whitey. Il y avait quatre Whitey à l'*Angle,* ce qui entraînait une certaine confusion. Ce Whitey-là alliait la sensiblerie d'un névrosé à la violence d'un psychopathe. Il était convaincu que personne ne l'aimait, et cela paraissait le perturber terriblement.

Un mardi soir, Roy et moi étions installés au bout du comptoir de l'*Angle.* « Métro » Mike était là ainsi que Frankie Dolan. Dolan était un jeune Irlandais affligé d'un léger strabisme. Il était spécialiste des coups minables comme, par exemple, de casser la figure à des pochards sans défense ou de refuser de payer ses complices. « J'ai pas d'honneur, disait-il. Je suis un vrai salopard. » Et il riait bêtement.

« Métro » Mike avait le visage large et blafard et de longues dents. Il ressemblait à quelque animal des profondeurs prêt à fondre sur les animaux de surface. Son boulot était de dévaliser les gens ivres dans le métro, et il y excellait ; mais il avait vraiment trop l'air d'un voyou. N'importe quel flic l'eût regardé plutôt deux fois qu'une et il était bien connu de la police du métro. C'est ainsi que Mike passait la moitié de sa vie en taule, à purger ses cinq mois et vingt-neuf jours*.

Ce soir-là, Herman était bourré au nembutal et sa tête retombait sans cesse sur sa poitrine. Whitey battait la semelle le long du comptoir en essayant de se faire offrir des pots. Les gars assis au bar étaient sur la défensive, ne lâchant pas leur verre, empochant vivement leur monnaie. J'entendis Whitey dire au barman : « Garde-moi ça, veux-tu ? », et il lui tendit son gros couteau à cran d'arrêt. Les gars demeuraient silencieux et sombres sous les néons. Tout le monde craignait Whitey, tous sauf Roy. Roy buvait sa bière à petites gorgées, l'air mauvais. Ses yeux brillaient de leur curieuse phosphorescence. Son long corps asymétrique était appuyé au comptoir. Il ne regardait pas Whitey mais le mur opposé, où s'alignaient les boxes. A un moment, il me dit :

— Il n'est pas plus rond que moi ; il a seulement soif.

Whitey se tenait au milieu du bar, les poings serrés, le visage inondé de larmes. « Je suis un

* Peine infligée à ce type de délit. (N.D.T.)

minable, répétait-il, je suis un minable. Est-ce que personne ne peut comprendre que je ne sais plus ce que je fais ? »

Les types s'efforçaient de s'écarter le plus possible de lui sans attirer son attention.

« Métro » Slim, le compère occasionnel de Mike, entra et commanda une bière. Il était grand et osseux et sa figure ingrate avait l'air curieusement inanimée, comme taillée dans le bois. Whitey lui asséna une claque dans le dos et j'entendis Slim s'écrier : « Bon Dieu, Whitey ! » Je n'entendis pas le reste de leur conversation. Whitey avait dû récupérer son couteau à un moment quelconque. Il s'avança derrière Slim et, subitement, appuya sa main sur son dos. Slim s'affala sur le comptoir en gémissant. Je vis Whitey se diriger vers la porte du bar et regarder autour de lui. Il referma son couteau et le glissa dans sa poche.

Roy me dit :

— Taillons-nous.

Whitey avait disparu et le bar s'était vidé à l'exception de Mike qui soutenait Slim d'un côté, et de Frankie Dolan, qui le tenait de l'autre.

Le lendemain, Frankie me dit que Slim s'en tirerait. « Le toubib a dit que la lame était passée à un poil d'un rein. »

Roy dit :

— Quelle larve ! Une vraie terreur, ça va, mais pas un type comme lui qui fauche la monnaie sur le comptoir. Je l'attendais. Je lui aurais d'abord foutu un coup de pied dans le bide, ensuite j'aurais attrapé une bouteille de bière dans la caisse par terre et je la lui aurais cassée sur la caboche. Avec un salaud de cette espèce il faut de la stratégie.

Personne ne put retourner à l'*Angle*, qui changea de nom peu après ; il devint le *Roxy Grill*.

Un jour j'allai à Henry Street pour voir Jack. Une grande rousse m'ouvrit la porte.

— Je m'appelle Mary, dit-elle. Entrez.

Elle me dit que Jack était à Washington pour affaires.

— Venez dans le living, me dit-elle en écartant un rideau de velours rouge. Je reçois le propriétaire et les fournisseurs dans la cuisine, mais c'est dans cette pièce que nous vivons.

Je remarquai qu'il n'y avait plus de bric-à-brac. La pièce ressemblait à un restaurant chinois. Des tables laquées noir et rouge étaient disposées çà et là et des rideaux noirs voilaient la fenêtre. On avait peint au plafond une roue faite de petits carrés et de triangles de différentes couleurs créant une impression de mosaïque.

— C'est Jack qui a fait ça, dit-elle en montrant la roue. Vous auriez dû voir ça. Il avait posé une planche entre deux échelles et était couché dessus. La peinture lui coulait sur la figure. Il adore faire des trucs comme ça. On se prend des pieds fabuleux avec cette roue quand nous sommes défoncés. On s'allonge sur le dos en regardant la roue, et elle se met à tourner. Plus on la regarde, plus elle tourne vite.

Cette roue avait l'insoutenable vulgarité des mosaïques aztèques, cauchemar trivial, cœur qui tressaille dans le soleil matinal, bleus et roses criards des cendriers-souvenir, des cartes postales et des chromos. Les murs étaient noirs et un caractère chinois était peint en laque rouge sur l'un deux.

— Nous ne savons pas ce qu'il veut dire, dit-elle.

Je lui suggérai :

— Chemises en solde.

Elle me gratifia de son sourire froid et vide. Puis elle se mit à parler de Jack.

— Je suis folle de Jack. Il est voleur comme certains font d'autres métiers. Il revient au milieu de la nuit et me tend son pistolet. « Planque ça ! » Il aime bien bricoler dans la maison, peindre, faire des meubles.

En parlant, elle allait et venait dans la pièce, se laissant tomber sur une chaise, puis sur une autre, croisant et décroisant les jambes, tirant sa combinaison pour me donner un aperçu de son anatomie.

Elle me raconta qu'elle était atteinte d'une maladie extrêmement rare et que ses jours étaient comptés.

— Il y a en tout vingt-six cas comme le mien. Dans quelques années, je serai impotente. Mon corps est incapable d'assimiler le calcium et mes os se dissolvent lentement. Il faudra d'abord m'amputer des jambes, puis des bras.

Elle avait quelque chose d'invertébré, comme les habitants des grands fonds marins. Ses yeux étaient froids comme des yeux de poisson et vous regardaient à travers un liquide visqueux. J'imaginais ces yeux dans une masse protoplasmique informe ondulant au-dessus de sombres fosses marines.

— La benzédrine, c'est ce qui me botte, dit-elle. Trois feuilles ou dix comprimés. Ou encore deux feuilles et deux capsules de nembutal. Tout ça se bagarre dans l'estomac. Ça vous envoie en l'air illico.

Trois jeunes truands de Brooklyn entrèrent, le visage fermé, les mains dans les poches, plus vrais que nature. Ils cherchaient Jack qui les avait possédés dans quelque affaire. Du moins, c'est ce que je compris. Ils s'exprimaient moins par des mots que par des mouvements de tête expressifs, ainsi qu'en allant et venant dans l'appartement et en s'adossant aux murs. Au bout d'un moment, l'un d'eux marcha vers la porte et fit un signe. Ils sortirent l'un derrière l'autre.

— Tu veux fumer ? demanda Mary. Il doit y avoir un « cafard »* ici, quelque part. (Elle explora les tiroirs et les cendriers.) Non, je ne trouve rien. Pourquoi n'irions nous pas en ville ? Je connais plusieurs fournisseurs que nous pouvons sans doute joindre.

Un jeune homme, un paquet enveloppé de papier kraft sous le bras, entra en titubant.

— Jette ça en sortant, dit-il en posant le paquet sur la table.

Il disparut, toujours titubant, dans la pièce à l'autre bout de la cuisine. En sortant, je me débarrassai du paquet dans lequel se trouvait une boîte à sous de w-c payant, qu'il avait purement et simplement éventrée.

A Times Square, nous prîmes un taxi. Nous patrouillâmes dans les petites rues, suivant les indications de Mary. De temps à autre, elle criait : « Stop ! » et sautait du taxi. Ses cheveux roux flottaient au vent et je la regardais aborder des types et leur parler. « Le fourgueur était là il y a dix minutes à peine. Ce type en a, mais il ne veut pas en céder. » Plus tard : « Le fourgueur habituel est parti jusqu'à demain. Il vit dans le Bronx. Mais reste là une minute, je peux peut-être trouver quelqu'un au *Kellog's*. » Finalement, elle me dit :

— Personne n'a l'air d'en avoir. Il est un peu tard pour s'en procurer. Achetons de la benzédrine et allons au Ronnie's. Il y a des morceaux extra au juke-box ; on pourra boire du café et s'envoyer en l'air avec la benzédrine.

Ronnie's était une boîte située près de la 52ᵉ Rue et de la 6ᵉ Avenue, où les musiciens venaient manger du poulet frit et boire du café

* « Cafard » désigne en argot américain un joint non entièrement fumé dont on peut encore tirer quelques bouffées. (N.D.T.)

après une heure du matin. Nous nous assîmes dans un box et commandâmes du café. Mary ouvrit un tube de benzédrine d'une main experte et en retira le papier. Elle m'en donna trois feuilles : « Fais-en une boule et avale-la avec du café. » Le papier dégageait une odeur écœurante de menthol. Plusieurs personnes assises près de nous reniflèrent et sourirent. Je faillis m'étrangler avec la boulette, mais réussis enfin à la faire passer. Mary choisit quelques uns de ses morceaux extra et se mit à tambouriner sur la table avec l'expression d'un idiot en train de se masturber.

Je me mis à parler à toute vitesse. J'avais la bouche sèche et ma salive sortait sous forme de petites boulettes blanches — cracher du coton, dit-on. Nous nous baladâmes dans Times Square. Mary cherchait quelqu'un qui aurait un électrophone. Je me sentais plein d'une bienveillance expansive, et soudain, j'eus envie de revoir des gens que je n'avais pas rencontrés depuis des mois, voire même des années, des gens que je n'aimais pas et qui ne n'aimaient pas non plus. Après un certain nombre de vaines tentatives pour dénicher l'hôte possédant un électrophone, nous rencontrâmes Peter et décidâmes de retourner à l'appartement de Henry Street, où il y avait au moins une radio.

Peter, Mary et moi passâmes les trente heures suivantes sans bouger de l'appartement. De temps à autre, nous faisions du café et reprenions de la benzédrine. Mary décrivait la tactique qu'elle employait pour faire cracher les « michetons » qui étaient sa principale source de revenus.

— Faut toujours flatter le micheton ; s'il est un peu costaud tu lui dis : « Je t'en prie, ne me fais pas mal. » Le micheton n'a rien à voir avec le connard d'occasion. Avec ceux-là, il faut toujours se méfier. Tu lui donnes rien et tu lui prends le maximum. Un micheton, c'est différent. Tu lui en donnes pour son argent. Quand tu es avec lui, t'en profites pour te marrer et tu veux qu'il s'amuse aussi.

Si tu veux vraiment humilier un type, tu allumes une cigarette pendant qu'il te baise. En fait, il est bien évident que je n'aime pas du tout les hommes, sexuellement parlant. Ce qui me botte vraiment, c'est les nanas. Ce qui me botte, c'est de démolir les filles trop sûres d'elles en leur démontrant qu'elles ne sont finalement que des bêtes. Une fille n'est jamais belle quand on l'a démolie.Eh dites, voilà un pied du genre feu de cheminée, dit-elle en regardant la radio dont la seule lumière éclairait la pièce. (Ses traits se tordirent en une expression de rage simiesque lorsqu'elle parla des hommes qui l'accostaient dans la rue.) Les fils de putes ! grogna-t-elle. Ils le savent bien quand une femme ne tapine pas. Autrefois, je me baladais avec un coup de poing américain sous mes gants en attendant que ces ploucs m'abordent.

Un jour, Herman me parla d'un kilo d'herbe de première qualité en provenance de la Nouvelle-Orléans et que je pouvais avoir pour soixante-dix dollars. A priori, le trafic de la marijuana paraît aussi rentable que l'élevage des visons ou des grenouilles. A soixante-quinze cents le stick et soixante-dix sticks par 30 g., ça promettait du pèze. Je me laissai convaincre et achetai l'herbe.

Herman et moi étions associés pour revendre l'herbe. Il dénicha Marian, une lesbienne qui habitait le Village et se disait poétesse. Nous entreposâmes l'herbe chez elle. Elle fumait tout ce qu'elle voulait et prenait 50 % sur ce qu'elle vendait. Elle connaissait beaucoup de fumeurs. Une autre lesbienne s'installa chez elle et chaque fois que j'y allais, il y avait cette énorme rousse de Lizzie qui me regardait de ses yeux de merlan pleins de haine stupide.

Un jour, Lizzie la rousse ouvrit la porte. Elle avait la figure d'un blanc cadavérique et gonflée à cause de tout le nembutal qu'elle avait pris pour dormir. Elle me fourra le paquet d'herbe dans les mains et me dit :

— Prends ça, et barre-toi, salaud.

Elle dormait encore à moitié. Sa voix était froide, comme si elle parlait objectivement d'un inceste.

— Remercie Marian pour tout, dis-je.

Elle claqua la porte, ce qui dut la réveiller car elle la rouvrit et se mit à gueuler d'une voix hystérique. Je pouvais encore l'entendre de la rue.

Herman contacta d'autres fumeurs, mais ils firent la fine bouche. En réalité, vendre de l'herbe est un vrai casse-tête. Pour commencer, c'est encombrant. Il faut en avoir une pleine valise pour faire vraiment des bénéfices. Si les flics forcent votre porte, autant essayer de cacher une meule de foin.

Les fumeurs sont différents des camés. Ceux-ci payent, prennent leur came et foutent le camp. Les fumeurs, eux, s'y prennent autrement. Ils s'attendent à ce que le fournisseur les fasse fumer ; ils discutent pendant une demi-heure avant d'acheter deux dollars de marchandise. Si vous les pressez, ils vous traitent d'emmerdeur. En fait, pour eux, un revendeur ne doit pas crûment leur parler affaires. Non, il dépanne seulement quelques mecs et nanas chouettes parce qu'il y tâte lui-même. Tout le monde sait bien qu'il est revendeur, mais il ne faut pas le dire. Dieu sait pourquoi ! Pour moi, les fumeurs sont incompréhensibles.

Il y a beaucoup de secrets dans ce métier et les fumeurs gardent les leurs avec une sournoiserie imbécile. Ainsi, l'herbe doit être traitée, sinon elle est âcre et rape la gorge. Mais demandez à un fumeur comment la traiter, il vous regardera d'un œil torve et stupide et vous enfilera un bobard idiot. L'herbe dérange peut-être bien le cerveau si l'on fume continuellement, ou peut-être que les fumeurs sont des crétins de naissance.

L'herbe que j'avais était verte. Je la mis donc au four au bain-marie jusqu'à ce qu'elle brunisse un peu. Voilà tout le secret du traitement de l'herbe ou, du moins, une des manières de le faire.

Les fumeurs ont l'instinct grégaire, ils sont susceptibles et paranoïaques. S'ils trouvent que vous êtes la « claque » ou la « tasse », ils ne feront plus affaire avec vous. Je découvris rapidement que je ne pourrais pas m'entendre avec ces individus et fus heureux de trouver quelqu'un à qui revendre le tout en couvrant juste mes frais. Et je décidai que je ne vendrais plus jamais de marijuana.

En 1937, la loi Harrison sur les stupéfiants fit figurer l'herbe sur la liste des narcotiques, sous prétexte que c'est une drogue créant une accoutumance, que son usage est nocif pour l'esprit et le corps et que les gens qui fument deviennent des criminels. Voici ce qu'il en est : il est absolument impossible de s'intoxiquer avec la marijuana. On peut fumer pendant des années sans ressentir le moindre malaise si, brusquement, on n'a plus rien à fumer. J'ai vu des fumeurs en prison et aucun ne montrait le plus léger symptôme de manque. Moi-même, j'ai fumé épisodiquement pendant quinze ans sans jamais éprouver de manque quand je n'en avais plus. L'herbe crée moins d'accoutumance que le tabac. Elle n'est pas nuisible à la santé. A dire vrai, la plupart des fumeurs prétendent qu'elle stimule l'appétit et qu'elle est tonique — personnellement je ne connais rien de tel pour ouvrir l'appétit. Je peux fumer un petit stick d'herbe, savourer un verre de sherry californien et me régaler d'un bon plat réchauffé à la maison.

Une fois, je me suis guéri de la came en fumant de la marijuana. Le deuxième jour, je me suis attablé et j'ai mangé un repas complet. Normalement je ne peux rien avaler pendant huit jours lorsque je me désintoxique.

L'herbe ne rend pas violent non plus. Je n'ai jamais vu quiconque devenir méchant sous l'effet de l'herbe. Les fumeurs sont sociables. Un peu trop, même, à mon goût. Je me demande pourquoi les gens qui soutiennent que l'herbe rend violent n'insistent pas davantage, comme ils devraient en toute logique, pour faire interdire l'alcool. Des crimes sont commis tous les jours par des ivrognes qui, à jeûn, n'auraient pas agi de la même façon.

On a dit beaucoup de choses sur les effets aphrodisiaques de l'herbe. Pour des raisons que j'ignore, les savants n'aiment pas admettre l'existence de substances aphrodisiaques et la plupart des pharmacologues affirment qu'il « n'existe aucune preuve qui étaye la croyance largement répandue que l'herbe possède des propriétés aphrodisiaques ». Je peux affirmer catégoriquement que l'herbe est un aphrodisiaque et que l'on fait l'amour bien plus agréablement après avoir fumé. Tous ceux qui ont déjà fumé de l'herbe de qualité pourront confirmer mes dires.

On raconte aussi que l'herbe rend fou. De fait, il existe une forme de folie due à l'usage abusif de l'herbe, folie étant ici compris au sens général. Mais il est bien évident que l'herbe qu'on peut acheter aux Etats-Unis n'est pas assez forte pour rendre dingue qui que ce soit et les psychoses causées par l'herbe y sont rares. On dit qu'elles sont courantes au Proche-Orient. Les troubles mentaux dus à l'herbe ressemblent plus ou moins au delirium tremens et disparaissent dès que le malade cesse de fumer. Celui qui fume quelques cigarettes de marijuana par jour ne court pas plus le risque de devenir fou que le buveur d'apéritifs celui de connaître le delirium tremens.

Une remarque toutefois à propos de l'herbe. Un homme ayant fumé est absolument hors d'état de conduire une voiture. L'herbe déforme la notion du temps et donc des proportions spatiales. Un jour, à la Nouvelle-Orléans, je dus me ranger sur le bas-côté de la route et attendre que l'effet de l'herbe se dissipe. Je n'étais plus capable d'évaluer les distances ; je ne savais plus prendre les virages ni à quelle distance d'un croisement je devais commencer à freiner.

Désormais, je me piquais tous les jours. Herman s'était installé chez moi car il n'y avait plus personne pour payer le loyer de l'appartement qu'il avait partagé avec Jack et Mary. Jack avait été arrêté au cours d'un cambriolage et attendait d'être jugé dans la prison du Bronx. Mary était partie pour la Floride avec un micheton. Il ne serait pas venu à l'esprit d'Herman de payer le loyer ; il avait vécu toute sa vie chez les autres.

Roy s'offrait des vacances. Il avait déniché un médecin marron à Brooklyn. Ce toubib allait jusqu'à faire trois ordonnances de trente comprimés chacune par jour. De temps à autre, il se faisait tirer l'oreille, mais la vue de l'argent arrangeait tout.

Il existe plusieurs variétés de toubibs véreux. Certains vous feront une ordonnance s'ils sont certains que vous vous droguez, d'autres s'ils sont convaincus du contraire. La plupart des camés débitent une histoire usée jusqu'à la corde. D'autres se plaignent de calculs biliaires ou rénaux. C'est le prétexte invoqué le plus souvent et j'ai vu des médecins se lever et me prier de prendre la porte au seul mot de calculs. J'obtenais de meilleurs résultats en parlant de névralgie faciale. J'en avais étudié et appris par cœur les symptômes. Roy avait sur l'estomac la cicatrice d'une opération et s'en servait pour étayer son histoire de calculs.

Il y avait un médecin du type vieille école qui habitait un vieil hôtel particulier de style victorien près de la 70e Rue Ouest. Pour être reçu chez lui, il suffisait d'avoir l'air d'un monsieur. Si l'on pouvait arriver jusqu'à son cabinet, c'était dans la poche, mais il ne délivrait que trois ordonnances. Un autre médecin était toujours ivre et il fallait l'attraper au bon moment. Parfois, il commettait des erreurs dans la rédaction de ses ordonnances et il fallait retourner à son cabinet pour les faire rectifier. Souvent alors, il déchirait l'ordonnance et prétendait que c'était un faux. Un autre de ces médecins était sénile et il fallait l'aider à écrire. Il oubliait ce qu'il était en train de faire, reposait son stylo et racontait des souvenirs interminables sur son ancienne clientèle de gens riches. Il aimait surtout parler d'un certain général Gore qui lui avait dit un jour : « Docteur, je suis allé à la clinique Mayo et vous en savez plus que tous les médecins de là-bas. » Il n'y avait plus moyen de le faire taire et les camés, excédés, étaient obligés de l'écouter jusqu'au bout. D'autres fois, c'était sa femme qui faisait irruption dans le cabinet à la dernière minute et déchirait les ordonnances, ou bien qui refusait de confirmer la validité d'une ordonnance lorsque la pharmacie téléphonait. En général, les vieux médecins sont plus faciles à circonvenir que les jeunes. Les médecins immigrés furent, pendant un temps, une bonne source, mais l'affluence de drogués la fit tarir. Parfois, un médecin se mettait en rogne quand on lui parlait de drogue et menaçait d'appeler la police. La haute idée que les médecins se font de leur noble métier fait que, d'une manière générale, le pire des systèmes est de demander trop directement de la drogue. Même s'ils ne croient pas votre histoire, ils ont besoin d'en entendre une. C'est comme un rituel oriental qui sert à ne pas perdre la face. L'un joue le rôle du médecin plein de moralité qui ne rédigerait pour rien au monde une ordonnance non justifiée, l'autre tient le mieux possible son rôle de vrai malade. Si vous dites : « Ecoutez, docteur, il me faut une ordonnance de morphine, je suis prêt à vous payer le double de vos honoraires », le toubib devient rouge de colère et vous jette dehors. Sans certaines hypocrisies, vous n'obtiendrez rien du médecin.

Roy était dégoûtant, il prenait tellement de came qu'Herman et moi étions obligés d'en prendre des doses plus fortes que d'habitude pour ne pas être en reste et avoir notre part. Je commençai à me faire des intraveineuses pour en prendre moins à chaque dose tout en ayant un « flash » plus fort. Il était difficile de se procurer de la came. La plupart des pharmacies n'honoraient les ordonnances qu'une ou deux fois. D'autres ne voulaient même pas nous servir. Il y avait pourtant une pharmacie qui nous vendait tout ce qu'on voulait à condition d'avoir une ordonnance. Nous y allions le plus souvent, même si Roy voulait que nous dénichions d'autres points de vente pour que l'inspecteur ait plus de mal à nous repérer. Aller de pharmacie en pharmacie était crevant, alors nous nous rabattions toujours sur la première.

J'appris à planquer soigneusement ma réserve personnelle pour que Roy et Herman ne m'en volent pas. Il n'est pas facile de se protéger de cette forme de vol car les camés connaissent toutes les cachettes possibles. Certains la gardent sur eux, mais on court le risque d'être arrêté si la police vous fouille.

Comme je prenais de la drogue tous les jours, et souvent plusieurs fois par jour, je cessai de boire et de sortir le soir. Quand on se pique, on ne boit plus. Apparemment, le corps dont les cellules contiennent une certaine quantité de came ne veut plus absorber d'alcool. Celui-ci reste dans l'estomac et vous donne la nausée et une impression de malaise et de faiblesse qui sont tout à fait désagréables. La drogue serait très efficace pour la désintoxication des alcooliques. Je cessai aussi de prendre des bains. Quand on se came, le contact de l'eau sur la peau devient en quelque sorte déplaisant et beaucoup de drogués répugnent à se baigner.

On a écrit pas mal de bêtises sur les transformations physiques entraînées par l'intoxication : un beau jour le camé se regarde dans un miroir et ne se reconnaît plus. En fait, les transformations qui s'opèrent sont difficiles à spécifier et ne sont pas visibles à l'œil nu. C'est-à-dire que le camé ne voit pas lui-même les progrès de son intoxication. En fait, il n'est pas conscient d'être pris. Il croit que s'il est prudent et respecte quelques règles, comme par exemple de ne se piquer qu'une fois tous les deux jours, il ne risque rien. Il ne respecte pas ces règles et prétend que toutes les piqûres supplémentaires sont exceptionnelles. J'ai discuté avec de nombreux camés : tous disent que c'est avec étonnement qu'ils se sont découverts au premier stade de l'intoxication et beaucoup d'entre eux attribuèrent leurs symptômes à une autre cause. A mesure qu'on s'intoxique, tout le reste perd de son importance. La vie se résume à peu de chose : la piqûre, l'attente de la suivante, la cachette, l'ordonnance, la seringue et le compte-gouttes. Le camé lui-même croit souvent qu'il mène une vie normale et que la drogue n'est qu'un accident de parcours. Il ne voit pas que tout ce qu'il fait à part se droguer est machinal. Ce n'est que lorsqu'il a épuisé son stock qu'il prend conscience de ce que la drogue représente pour lui.

« Pourquoi avez-vous *besoin* de drogue, Mr. Lee ? » C'est une question que posent les psychiatres stupides. La réponse est : « J'en ai besoin pour me lever le matin, pour me raser et prendre mon petit déjeuner ; j'en ai besoin pour survivre. »

Bien sûr, en règle générale, les camés ne meurent pas du manque de drogue. Toutefois, se désintoxiquer implique au sens le plus littéral la mort des cellules intoxiquées et leur remplacement par des cellules exemptes du besoin de came.

Roy et sa bonne femme s'installèrent dans le même immeuble. Nous nous retrouvions tous les jours chez moi après le petit déjeuner pour dresser le plan de came de la journée. L'un de nous devait « se faire » un médecin. Roy essayait toujours d'échapper à cette sale besogne : « Je ne peux pas y aller cette fois. J'ai eu des ennuis avec ce médecin mais je vais vous expliquer ce qu'il faut lui dire. » Ou bien il essayait d'envoyer Herman ou moi tester un nouveau médecin. « Vous ne pouvez pas échouer ; en aucun cas ne le laissez dire non ; il vous fera certainement une ordonnance mais je ne peux y aller moi-même. »

Une fois, un des médecins dont Roy était si sûr me menaça de téléphoner aux flics. Je le dis à Roy qui rétorqua : « Oh ! je suppose que le gars est brûlé ; quelqu'un l'a joliment eu il y a quelques jours. » Après cette aventure, je restai à l'écart des médecins que je ne connaissais pas. Mais à présent notre gars de Brooklyn commençait à se dérober.

Tous les médecins complaisants prennent peur un jour ou l'autre. Une fois que Roy était allé chercher son ordonnance, le docteur lui dit : « Celle-ci est vraiment la dernière et vous feriez mieux de ne pas revenir. L'inspecteur est venu me voir hier. Il est au courant de toutes les ordonnances que j'ai rédigées pour vous. Il m'a juré de me faire radier de l'Ordre si je continuais. Je vais antidater celle-ci. Dites au pharmacien que vous étiez trop malade pour vous déplacer le jour même. Vous avez donné de fausses adresses pour certaines ordonnances, ce qui est une violation de l'article 334 sur la Santé publique. Alors, ne dites pas que je ne vous ai pas prévenu. Pour l'amour du ciel, couvrez-moi si l'on vous interroge. Ma carrière en dépend. Vous ne pouvez pas dire que je n'ai pas été chic avec vous. Il y a des mois que je voulais arrêter. Je ne pouvais pas vous laisser tomber. Alors, aidez-moi : Voici votre ordonnance et ne revenez plus. »

Roy y retourna le lendemain. Le beau-frère du docteur était là pour sauver l'honneur de la famille. Il attrapa Roy par la peau du cou et le jeta à la rue.

« La prochaine fois que je te vois emmerder le docteur, je ferai en sorte que tu ne puisses même pas rentrer à pied chez toi. »

Dix minutes plus tard, c'était Herman qui se pointait. Le beau-frère lui faisait subir le même traitement qu'à Roy quand Herman sortit de sous son manteau une robe de soie qu'il avait échangée contre trois grains de morphine peu de temps auparavant. S'adressant à la femme du médecin qui était descendue pour voir ce qui se passait, il dit : « J'ai pensé que cette robe vous plairait. » Il put alors parler au médecin qui lui délivra une dernière ordonnance. Il mit trois heures pour se faire servir, car notre pharmacien habituel avait été mis en garde par l'inspecteur et lui avait dit :

« Vous feriez mieux de ne plus vous montrer dans les parages. Je crois que l'inspecteur a des mandats d'arrêt contre vous tous. »

Donc, notre médecin de Brooklyn avait cessé de se montrer coopératif. On se sépara pour explorer la ville. Nous passâmes au crible le Bronx, Brooklyn, Queens, Newark et Jersey City. Nous ne pûmes même pas nous dégoter du pantopon. On aurait dit que les toubibs attendaient que l'un de nous entre dans son cabinet pour nous dire : « Non, il n'en est pas question. » Les médecins de New York et des alentours semblaient s'être subitement juré de ne plus jamais rédiger une ordonnance de narcotiques. Notre stock commençait à s'épuiser : nous ne pourrions plus tenir que quelques heures. Roy décida de jeter l'éponge et d'aller faire la cure de trente jours à Riker's Island*. On n'y fait pas une désintoxication particulièrement progressive. On ne vous donne pas de drogue, ni même un comprimé de somnifère. Tout ce qu'on propose aux malades, c'est une détention de trente jours. L'endroit est toujours plein.

Herman se fit pincer dans le Bronx alors qu'il était à la recherche d'un médecin complaisant. Les deux inspecteurs n'avaient rien de précis contre lui, simplement, sa tête ne leur revenait pas. Quand ils l'emmenèrent au commissariat, ils découvrirent que la brigade des stupéfiants avait un mandat d'arrêt contre lui. Le motif en était : fausse adresse sur une ordonnance. Un avocat qui traînait au commissariat me téléphona pour savoir si je pouvais payer sa caution. Au lieu de caution j'envoyai à Herman deux dollars pour qu'il puisse s'acheter des cigarettes. Si quelqu'un doit faire de la prison, mieux vaut la faire le plus vite possible.

A ce moment-là, il ne me restait plus rien et j'avais déjà fait bouillir par deux fois mes cotons. La came mélangée à un peu d'eau est chauffée dans une cuiller. Pour récupérer tout le liquide dans la

* Prison possédant un service de désintoxication. (N.D.T.)

seringue, on se sert d'un petit morceau de coton en guise de filtre. Les camés conservent ces petits cotons imbibés de drogue pour les cas d'urgence.

J'avais obtenu une ordonnance de codéïne auprès d'un vieux médecin en prétextant des migraines. La codéïne est mieux que rien et trente centigrammes de codéïne en sous-cutanée empêchent d'être vraiment malade. Pour une raison que je ne connais pas, il est dangereux de se l'injecter en intraveineuse.

Je me rappelle un soir où Herman et moi n'avions plus rien d'autre que du sulfate de codéïne. Herman s'en prépara et s'en injecta un grain. Il devint immédiatement tout rouge, puis très pâle. Il s'assit sur le lit, sans force, et dit :

— Mon Dieu !

— Qu'est-ce qu'il y a ? Ça va, non ?

Il me regarda méchamment.

— Ah vraiment ? Alors essaye donc.

Je me préparai une seringue. Herman m'observait attentivement. Il était toujours assis sur le lit. Dès que je retirai la seringue de mon bras, je sentis de désagréables et intenses picotements, très différents de ceux causés par un bon fix de morphine. Je sentis ma figure enfler. Je m'assis sur le lit à côté d'Herman. Mes doigts avaient doublé de volume.

— Alors, ça va ? demanda Herman.

— Non, répondis-je.

J'avais les lèvres gonflées comme si j'avais reçu un coup de poing. J'avais horriblement mal à la tête. Je me mis à marcher de long en large avec la vague idée que si j'activais ma circulation, je me sentirais mieux. Au bout d'une heure, ça allait mieux et je me couchai. Herman me raconta qu'un de ses amis s'était évanoui et était devenu tout bleu après avoir fait cela.

— Je l'ai fourré sous la douche froide et il a repris ses sens.

— Pourquoi ne me l'as-tu pas dit plus tôt ? demandai-je.

Herman s'emporta subitement. Ses colères étaient généralement imprévisibles.

— Eh bien, tu dois accepter de prendre *quelques* risques quand tu te cames. D'ailleurs, tout le monde n'a pas forcément les mêmes réactions. Tu avais l'air si sûr que tout allait bien que je n'ai pas voulu t'ennuyer en t'en parlant.

Quand j'appris qu'Herman s'était fait arrêter, je pensai que mon tour ne tarderait pas, mais j'étais déjà malade et je n'avais pas le courage de quitter la ville.

Je fus arrêté chez moi par deux inspecteurs et un agent fédéral. L'inspecteur de la Santé publique avait lancé un mandat d'arrêt pour violation de l'article 334 : faux nom sur des ordonnances. Les deux flics formaient une équipe classique : l'un jouait au brave type, l'autre au dur. Le brave type me demandait : « Ça fait combien de temps que tu te piques, Bill ? Tu sais qu'il faut donner son vrai nom pour les ordonnances. » Et puis le dur lui coupait la parole : « Ça va, ça va, faut pas nous prendre pour des enfants de chœur. » Mais mon cas ne les intéressait pas vraiment et ils n'avaient pas besoin de ma déposition. Sur le chemin du dépôt, l'agent fédéral me posa quelques questions et remplit un formulaire destiné au fichier. On me conduisit à la prison de Tombs pour me photographier et prendre mes empreintes digitales. Alors que j'attendais de passer devant le juge, le flic sympathique me fila une cigarette et me fit un sermon sur les effets néfastes de la drogue.

— Même si tu en prends pendant trente ans sans te faire pincer, tu te dupes toi-même. Prends les obsédés sexuels... (Ses yeux s'allumèrent.) Les médecins disent qu'ils sont incapables de s'arrêter.

Le juge fixa la caution à mille dollars. On me ramena à Tombs où je dus me déshabiller pour prendre une douche. Un flic indifférent fouilla mes vêtements. Je me rhabillai, pris l'ascenseur et l'on m'octroya une cellule. A quatre heures de l'après-midi, on nous enferma dans nos cellules. Les portes se fermèrent automatiquement avec un bruit terrible qui retentit dans toute la division de la prison.

L'effet de la codéïne se dissipait. Mon nez et mes yeux coulaient et la sueur imprégnait mes vêtements. J'avais des frissons suivis de bouffées de chaleur, comme si la porte d'une chaudière s'ouvrait et se refermait devant moi. Je m'allongeai sur ma couchette, trop faible pour remuer. J'avais des crampes et des contractions dans les jambes qui rendaient toute position insupportable et je me tournai et me retournai dans la moiteur de mes vêtements.

Un Noir chantait : « Lève-toi, lève-toi, femme, remue ton gros popotin. » Une voix gémissait : « Quarante ans, mon pote ! Je ne pourrai jamais faire quarante ans. »

A minuit, ma bonne femme paya la caution et m'attendit à la sortie. Elle me donna des barbituriques qui me soulagèrent un peu.

Le lendemain, je me sentis encore plus malade et ne pus même pas me lever. Je passai la journée au lit en prenant du nembutal de temps à autre.

Le soir, je pris deux doses de benzédrine et allai dans un bar où je m'assis près du juke-box. La musique est d'un grand secours quand on est malade. Une fois, au Texas, je me suis guéri avec de la marijuana, de l'élixir parégorique et quelques disques de Louis Armstrong.

Ce qui est presque pire que la maladie, c'est l'état dépressif qui l'accompagne. Un après-midi, fermant les yeux, je vis New York en ruines. Des mille-pattes et des scorpions énormes sortaient des bars, des cafétérias et des drugstores de la 42ᵉ Rue. Des herbes folles poussaient dans les fissures du macadam. Tout était désert.

Au bout de cinq jours, je me sentis mieux. Après huit jours, je me découvris un appétit d'ogre pour les choux à la crème et les macarons. En dix jours, j'étais guéri.

Mon procès avait été reporté à une date ultérieure.

Roy revint de son séjour à Riker's Island et me présenta à un revendeur d'héroïne mexicaine qui opérait dans le coin de Broadway et de la 103ᵉ Rue. Au début de la guerre, les importations d'héroïne étaient inexistantes et la seule drogue que l'on pouvait se procurer était la morphine pharmaceutique. Toutefois, les filières se reconstituèrent et l'héroïne commença à arriver du Mexique où les champs de pavots étaient cultivés par des Chinois. L'héroïne du Mexique était brune car elle contenait de l'opium brut en quantité importante.

A l'intersection de Broadway et de la 103ᵉ Rue, rien de particulier ne frappe le passant. Une cafeteria, un cinéma, des magasins. Au milieu de Broadway, il y a également une sorte d'oasis avec de l'herbe et quelques bancs espacés. La 103ᵉ est une station de métro et un coin populeux. La came règne sur ces lieux. Elle hante la cafeteria, envahit la rue et va même quelquefois jusqu'au milieu de Broadway pour s'installer sur l'un des bancs de l'oasis. La came, c'est un fantôme diurne dans une rue encombrée.

On trouvait toujours quelques drogués à la cafeteria ou juste devant, le col de leurs manteaux relevés, crachant sur le trottoir, scrutant la rue pour ne pas manquer le revendeur. En été, ils s'asseyaient dans le petit square, ramassés comme des vautours dans leurs complets noirs. Le revendeur avait l'air d'un adolescent flétri. Il avait cinquante-cinq ans mais on lui en donnait trente. Il était petit, très brun, avec un visage maigre d'Irlandais. Comme les vétérans de la drogue, il arrivait régulièrement en retard et s'asseyait à une table de la cafeteria. On lui donnait l'argent et trois minutes plus tard on allait le rejoindre au coin de la rue pour qu'il vous donne la marchandise. Il n'avait jamais rien sur lui et gardait sa provision dans une planque tout près de là.

On l'appelait l'Irlandais. A un moment, il avait travaillé pour Dutch Schultz, mais les grands caïds ne veulent pas de camés dans leurs troupes car on ne peut pas compter sur eux. L'Irlandais avait été éjecté. A présent, il revendait de la came quand il avait pu s'en procurer et le reste du temps, il volait les ivrognes dans leur voiture ou dans le métro. Un jour, l'Irlandais se fit pincer dans le métro et se pendit dans sa cellule de Tombs.

Le métier de revendeur était une espèce de service public assuré successivement par chaque membre du groupe, le service étant de trois mois en moyenne. Ils étaient tous d'accord pour dire que c'était une vraie corvée. Comme disait Georges le Grec : « On finit fauché et en taule. Tout le monde te traite de radin si tu ne fais pas de crédit et si tu en fais, ils en profitent. » Georges ne savait jamais refuser à quelqu'un qui était vraiment malade. Les gens profitaient de sa gentillesse pour lui soutirer du crédit et gardaient leur argent pour les autres revendeurs. Georges fit trois ans de prison et refusa de reprendre ce métier à la sortie.

Les jeunes camés hip et fous de bebop ne se pointaient jamais dans la 103e Rue. Les camés de ce coin étaient tous des vétérans de la drogue : maigres, le teint jaunâtre, la bouche tordue et amère, les doigts raides, les mouvements saccadés. (Il existe un geste caractéristique des camés, tout comme le poignet mou des pédérastes : le camé ne remue les mains que les paumes tournées vers le haut, les doigts tendus et les coudes collés au corps.) Ils étaient de nationalités différentes et de physiques divers, mais en fait, ils se ressemblaient tous. Ils avaient tous un air de came. Il y avait l'Irlandais, Georges le Grec, Pantopon Rose, Louie le groom, Eric le pédé, le Mouchard, le Marin et Joe le Mexicain. Beaucoup d'entre eux sont morts maintenant, les autres sont en taule.

Il n'y a plus de camés attendant le revendeur au coin de Broadway et de la 103e Rue. Les fourgueurs sont partis ailleurs. Mais la présence de la came y flotte encore. Elle vous assaille à l'angle des deux rues, vous suit un moment, puis décroche comme un mendiant qui se décourage.

Joe le Mexicain avait le visage maigre, le nez long et pointu, et les coins de sa bouche édentée tombaient. Sa figure était ridée et ravagée mais il ne paraissait pas vieux. Des choses étaient arrivées à son visage mais lui n'avait pas été touché. Son regard était brillant et juvénile. Il y avait en lui une douceur que l'on trouve souvent chez les drogués de longue date. On le reconnaissait de loin. Au milieu de la foule anonyme, il se détachait comme dans des jumelles. C'était un fabulateur et, comme tous les menteurs, il modifiait sans cesse ses histoires, changeant les lieux et les personnages d'une fois sur l'autre. Une fois, l'histoire était arrivée à un ami et le lendemain il s'attribuait le premier rôle. Il restait des heures dans les bistrots devant un café et un quatre-quarts, parlant à tort et à travers de ses multiples expériences :

— Nous savions que le Chinois avait de la

drogue cachée quelque part, nous avons essayé par tous les moyens de le faire parler. On l'a ligoté sur une chaise et j'ai craqué des allumettes — il joignait le geste à la parole — et je lui ai brûlé la plante des pieds. Il n'a rien dit. J'avais vraiment pitié de lui. Puis mon copain l'a frappé au visage avec son revolver. Le sang pissait partout. (Il se prit la tête à deux mains et mima l'écoulement du sang.) Quand j'ai vu ça, j'ai eu envie de vomir et j'ai dit à mon pote : « Laissons ce type tranquille et tirons-nous. Il ne dira rien. »

Louie était un spécialiste du vol à la tire qui avait perdu tout le sang-froid qu'il avait pu avoir. Il portait toujours un manteau noir et usé, trop grand, qui lui donnait l'air d'un traître de mélodrame. On sentait immédiatement que c'était un voleur et un drogué. Il s'en sortait mal. On disait qu'il avait été indicateur, mais à l'époque où je l'ai connu, il était considéré comme un type régulier. Georges le Grec ne l'aimait pas et le traitait de clochard. Il me disait :

— L'invite jamais chez toi, il ne saura pas se tenir. Il serait capable de s'endormir sous le nez de toute ta famille. Il manque de classe.

Georges le Grec était l'arbitre du groupe. Il décidait de qui avait raison ou tort. Il était fier de sa droiture.

— Je n'ai jamais doublé qui que ce soit.

Georges s'était déjà fait arrêter trois fois. Une fois de plus et c'était la prison à perpette en tant que récidiviste. Sa vie se bornait à essayer de ne pas se faire prendre. Pas de vente de came, pas de vols, il travaillait de temps en temps comme docker. Il était coincé de tous les côtés et ne pouvait rien faire que tomber plus bas. Quand il n'arrivait pas à se fournir — c'est-à-dire la moitié du temps — il buvait et prenait des barbituriques.

Il avait deux fils qui lui donnaient du fil à retordre. Georges était toujours à moitié malade en ce temps de pénurie et il n'avait pas assez d'autorité sur ses deux voyous de fils. Son visage portait les stigmates d'un combat toujours perdu. La dernière fois que j'allai à New York, je ne pus retrouver Georges. Les gars de la 103e Rue s'étaient dispersés et personne ne put me dire ce qu'était devenu Georges le Grec.

Fritz « le concierge » était un petit bonhomme pâle et malingre qui donnait l'impression d'être infirme. Il était libéré sur parole après avoir fait cinq ans de taule à cause d'un indicateur. L'inspecteur de la brigade des stupéfiants avait un besoin impératif d'effectuer une arrestation et l'indicateur en question devait absolument dénoncer quelqu'un pour prouver sa bonne volonté. A eux deux, ils firent de Fritz un caïd de la drogue et racontèrent que son arrestation avait démantelé tout un réseau. Fritz fut content d'être l'objet d'une telle attention et il parlait fièrement de ses cinq années passées au trou, à Lexington.

Le Pédé était le plus doué des détrousseurs d'ivrognes. Ses prises étaient énormes. Il était toujours le premier sur le pigeon et n'était pas de ceux qui arrivent quand le pochard a déjà les poches retournées. Un ivrogne endormi — le cave, dans le métier — attire à lui toute la hiérarchie des vautours. D'abord les as, comme le Pédé, guidés par une sorte de sixième sens. Ceux-ci ne sont intéressés que par l'argent liquide, les bijoux de prix ou les montres de valeur. Puis viennent les petits voyous qui volent n'importe quoi. Ceux-là chapardent les chapeaux, les ceintures et les chaussures. Enfin les voleurs maladroits et imprudents qui essayent de prendre même le manteau ou la veste.

Le Pédé arrivait toujours le premier sur les bons coups. Un jour, il se fit mille dollars à la station de métro de la 103e Rue. Souvent, il arrivait à ramasser plusieurs centaines de dollars. Si le type saoul se réveillait, il minaudait, caressait les cuisses du type comme si ses intentions étaient sexuelles. De là lui venait son surnom.

Il était toujours correctement vêtu, en général d'une veste de tweed et d'un pantalon de flanelle grise. Un charme européen dans ses manières et un léger accent scandinave complétaient son portrait. Personne ne ressemblait moins à un voleur. Il travaillait toujours seul, avait de la chance et était assez superstitieux pour éviter toute contamination. Parfois, le contact de ceux qui ont de la chance peut combattre la malchance, mais généralement c'est l'inverse qui se produit : le malchanceux file la poisse au chanceux. Les camés sont des gens envieux. Les gens de la 103e Rue enviaient les butins du Pédé. Mais tout le monde reconnaissait qu'il était correct et toujours capable de se montrer généreux.

Les capsules d'héroïne coûtaient trois dollars et il en fallait au moins trois par jour pour tenir le coup. Roy et moi étions raides et nous nous mîmes à la fauche dans le métro. Chacun d'un côté de la voiture, nous guettions jusqu'à ce que l'un de nous repère un ivrogne endormi sur un banc. Alors, nous descendions. Je restais devant le banc à lire un journal pour dissimuler Roy qui fouillait les poches du type. Roy me soufflait ses instructions : « Un peu à gauche, pas tant, un peu en arrière, bien, ne bouge pas. » Nous arrivions souvent trop tard, les poches étaient déjà retournées.

Nous opérions également dans les voitures du métro. Je m'asseyais à côté de l'ivrogne et déployais mon journal. Roy passait le bras derrière mon dos et fouillait les poches du type. S'il se réveillait, il voyait que mes deux mains tenaient le journal. Nous nous faisions à peu près dix dollars par soirée.

Une de nos soirées se déroula à peu près comme ceci. Nous commençâmes vers onze heures. Nous prîmes le métro à Times Square. A la station de la 149e Rue, je repérai une proie et nous descendîmes. Cette station était dangereuse pour le travail qu'on faisait ; elle comporte en effet plusieurs niveaux pleins de recoins où des flics peuvent se cacher, et il est impossible d'être sûr qu'on n'est pas observé. Au niveau inférieur, seul un ascenseur assure la sortie.

Nous nous approchâmes négligemment du type, comme si nous ne le remarquions pas. Il était d'âge moyen, affalé contre le mur, respirant bruyamment. Roy s'assit à côté de lui et moi je me mis devant, mon journal ouvert. Roy me dit :

— Un peu plus à droite, pas tant, recule un peu, reste là, c'est bon.

Soudain, la respiration bruyante cessa. Je pensai aux séquences de films où le souffle s'arrête pendant l'opération. Je sentais Roy tendu, immobile derrière moi. L'ivrogne marmonna quelque chose et changea de position. La respiration reprit, lentement. Roy se leva et dit : « Okay », et gagna rapidement la sortie. Il sortit de sa poche quelques billets froissés et les compta. Huit. Il m'en donna quatre.

— C'était dans la poche de son pantalon. Je n'arrivais pas à mettre la main sur son portefeuille. J'ai cru un moment qu'il allait se réveiller et nous faire pincer.

Nous reprîmes le métro pour rentrer. A la station de la 116e Rue, nous crûmes en tenir un autre, mais avant même qu'on l'ait approché, il se leva pour partir. Un type minable, la bouche tombante, aborda Roy. C'était un collègue.

— Le Pédé a encore fait une belle prise, dit-il. Deux cents dollars et une montre à la 96e Rue.

Roy maugréa entre ses dents et poursuivit la lecture de son journal.

Le type continua :

— J'en tenais un, mais il m'a demandé ce que faisait ma main dans sa poche.

— Parle pas comme ça, bon sang ! dit Roy en s'éloignant. Connard, murmura-t-il. Il ne reste plus beaucoup d'artistes, maintenant. Il y a le Pédé, le Mouchard et ce minable. Ils envient tous le Pédé parce qu'il fait de bonnes affaires. S'il rate son coup, il joue au pédé. Ces cloches de la 103e Rue le traitent toujours de salaud de pédé parce qu'ils n'arrivent pas à se faire autant de fric. Il n'est pas plus pédé que moi. (Il se tut pour réfléchir.) Moins pédé que moi, en fait.

Nous arrivâmes bredouilles au terminus de Brooklyn. Au retour, il y avait un ivrogne endormi dans notre voiture. Je m'assis à côté de lui et ouvris mon journal. Je sentis le bras de Roy dans mon dos. L'ivrogne se réveilla et me scruta avec méfiance. Mais mes deux mains étaient bien visibles. Roy faisait semblant de lire par-dessus mon épaule. Notre homme se rendormit.

— C'est là qu'on descend, dit Roy. On ferait mieux de prendre l'air. C'est pas payant de s'obstiner ici.

Nous bûmes une tasse de café dans un self-service de la 34e Rue et partageâmes la dernière prise. Trois dollars.

Roy expliqua :

— Quand tu fais les poches d'un ivrogne dans le métro, tu dois suivre les mouvements du train. Si tu suis le bon rythme tu t'en sors, même si le corniaud ne dort pas. J'allais un peu trop vite la dernière fois. C'est pour ça qu'il s'est réveillé. Il a senti que quelque chose clochait mais il ne savait pas quoi.

A Times Square nous rencontrâmes « Métro » Mike. Il nous fit un signe de tête et passa son chemin : il travaillait toujours seul.

— Allons à Queens Plaza, dit Roy. C'est sur la ligne indépendante. Il y a des policiers spéciaux, mais ils ne sont pas armés, juste des matraques.

Alors si tu te fais pincer, essaie de te dégager et cours.

Queens Plaza est encore une station dangereuse où il est impossible de se mettre à l'abri de tous les regards. Il faut prendre des risques. Il y avait un ivrogne allongé sur un banc, mais nous ne pouvions rien tenter car il y avait trop de monde.

Roy me dit :

— On va attendre un peu, mais rappelle-toi ce principe, ne laisse jamais passer plus de trois rames. Si à ce moment tu n'as pas encore trouvé la bonne occasion, laisse tomber, même si les choses se présentent bien.

Deux jeunes voyous descendirent du métro, soutenant un ivrogne. Ils le laissèrent tomber sur un banc, puis nous regardèrent.

— Emmenons-le de l'autre côté, dit l'un deux.

— Pourquoi pas lui prendre ici ? demanda Roy.

Les voyous firent mine de ne pas comprendre :

— Lui prendre quoi ? J' comprends pas. Qu'est-ce qu'il veut, celui-là ?

Ils soulevèrent le type et le traînèrent à l'autre bout du quai.

Roy s'approcha de l'ivrogne que nous avions repéré et lui subtilisa son portefeuille.

— Pas de temps pour fignoler, remarqua-t-il.

Le portefeuille était vide et Roy le jeta sous le banc.

Un des jeunes types cria :

— Enlève tes mains de ses poches ! et ils se mirent à rigoler.

— Petits voyous, dit Roy. Si jamais j'en attrape un sur la ligne du West Side, je le pousse sur la voie.

L'un deux s'avança et réclama sa part.

— Il n'avait rien.

— On t'a vu prendre le portefeuille.

— Je te dis qu'y avait rien dedans.

Une rame arriva et nous y montâmes, laissant les voyous indécis sur la conduite à suivre.

— Ces petits cons croient que c'est un jeu, dit Roy. Ils ne feront pas long feu. Ils rigoleront moins quand ils se retrouveront en taule pour six mois... On n'a pas de chance, mais c'est comme ça. Il y a des soirs où l'on se fait cent dollars et d'autres, rien du tout.

Un soir, nous descendîmes dans le métro à Times Square. Un homme vêtu de manière voyante marchait devant nous en titubant légèrement. Roy le jaugea et déclara :

— Celui-ci est bon. Voyons où il va.

Le type prit la direction de Brooklyn. Debout, nous attendîmes qu'il s'endorme. Alors je m'assis près de lui en dépliant le New York Times. Le Times, c'était une idée de Roy. Il prétendait que cela me donnait l'air d'un homme d'affaires. Le wagon était presque vide et nous étions collés à lui alors qu'il y avait six rangées de banquettes inoccupées. Roy commença son manège derrière mon dos. L'ivrogne ne cessait pas de remuer et soudain il me regarda fâché de ses yeux larmoyants. Un Noir en face de nous commença à se marrer.

— Le négro est à la coule. Il est okay, souffla Roy à mon oreille.

Roy avait de la difficulté à trouver le portefeuille. La situation commençait à devenir dangereuse. Je sentais la sueur couler le long de mes bras.

— Laisse tomber, dis-je.

— Non, c'est un bon pigeon ; il est assis sur son manteau et je n'arrive pas à atteindre sa poche. Quand je te le dirai, bouscule-le et je tirerai le manteau... *Vas-y*... Nom de dieu ! Pas assez fort !

— Descendons, répétai-je. (Je sentais la peur me tordre les tripes.) Il va se réveiller.

— Non, on recommence... *Maintenant !...* Qu'est-ce qui t'arrive, bon dieu ? Laisse-toi simplement tomber sur lui.

— Pour l'amour du ciel, Roy, laissons tomber ! Il va se réveiller.

Je voulus me lever, mais Roy me retint et brusquement, il me donna une bourrade qui me projeta brutalement contre l'ivrogne.

— Je l'ai eu, cette fois, souffla-t-il.

— Le portefeuille ?

— Non, le manteau.

Le métro sortait à l'air libre. La peur me donnait la nausée, tous mes muscles étaient raidis par l'effort que je faisais pour me contrôler. L'ivrogne somnolait. Je m'attendais à ce qu'il bondisse et se mette à gueuler.

— Je l'ai, dit finalement Roy.

— Alors, allons-y.

— Non, ce que j'ai, c'est une liasse de billets. Il doit avoir un portefeuille quelque part et je veux le dénicher. Il en a certainement un.

— Je descends.

— Non, attends !

Je le sentais fourrager derrière mon dos, si ouvertement qu'il me paraissait incroyable que notre homme ne se réveille pas.

Le terminus approchait. Roy se leva.

— Couvre-moi, dit-il.

Je me tins devant lui, mon journal le dissimulant le plus possible aux autres passagers. Il n'y en avait que trois, disséminés dans la voiture. Roy fouilla carrément les poches du type.

— Partons, dit-il.

Nous descendîmes sur le quai.

L'homme se réveilla et tâta ses poches. Puis il sortit et alla droit sur Roy.

— Okay mon pote, dit-il. Rends-moi mon argent.

Roy haussa les épaules et tendit ses mains vides :

— Quel argent ? De quoi parlez-vous ?

— Tu sais très bien de quoi je parle ! T'avais les mains dans mes poches.

Roy tendit encore ses mains, l'air surpris et mécontent.

— De quoi parlez-vous ? Je sais rien de votre fric.

— Je vous ai vus sur cette ligne tous les soirs. C'est votre terrain de chasse. (Il se tourna vers moi et me désigna du doigt.) Et voici ton partenaire. Maintenant vous allez me rendre mon fric.

— Quel fric ?

— Très bien. On va retourner en ville ; et n'essayez pas de filer.

Soudain, il enfonça ses mains dans les poches de la veste de Roy.

— Petit salopard, donne-moi mon argent ! gueula-t-il.

Roy le frappa au visage et le fit tomber, puis, d'un air soudain très mauvais, lui lança :

— Qui t'a permis de poser tes pattes sur moi !

Le contrôleur, voyant qu'il y avait de la bagarre, retardait le départ de la rame pour que personne ne tombe sur la voie.

— Filons ! dis-je.

Mais le type se releva et courut après nous. Il ceintura Roy qui ne put se dégager et perdait son souffle rapidement.

— Débarrasse-moi de ce type ! cria Roy.

Par deux fois, je frappai l'homme au visage. Il relâcha son étreinte et tomba sur les genoux.

— Pète-lui la gueule, fit Roy.

Je lui balançai un coup de pied et sentis une côte céder. L'homme se tenait le côté.

— Au secours ! cria-t-il sans essayer de se relever.

— Filons ! dis-je.

A l'autre bout du quai j'entendis un flic siffler. Le type était toujours à terre, se tenant les côtes et criant régulièrement au secours.

Il tombait une pluie fine. Lorsque j'atteignis la rue, je glissai sur le trottoir mouillé. Nous nous cachâmes dans une station-service fermée d'où nous pouvions voir le métro aérien.

— Barrons-nous ! dis-je.

— Ils vont nous voir.

— On ne peut pas rester ici.

Nous nous mîmes en route. Je m'aperçus que j'avais la gorge sèche. Roy sortit deux comprimés de barbituriques de sa poche de chemise.

— J'ai la gorge trop sèche, dit-il, je ne peux pas les avaler.

Nous poursuivîmes notre chemin.

— Ils ont certainement donné l'alerte, dit Roy. Fais gaffe aux voitures de ronde. S'ils reviennent, on se planque dans les buissons. Ils croient sans doute que nous allons reprendre le métro, alors le mieux est de continuer à marcher.

Le crachin ne semblait pas vouloir s'arrêter. Des chiens aboyaient sur notre passage.

— Si jamais on se fait piquer, n'oublie pas notre histoire, dit Roy. On s'est endormi et au terminus ce type nous a accusés de lui avoir volé son pognon. Il nous a fait peur, alors on l'a assommé et on s'est tiré. Il faut s'attendre à se faire tabasser.

— Y a une bagnole qui vient, dis-je, et elle a des phares jaunes.

Nous nous jetâmes dans les buissons qui bordaient la route, nous accroupissant derrière un panneau publicitaire. La voiture passa lentement. Nous repartîmes. Je commençais à me sentir mal et je me demandais si j'arriverais jamais à la maison où j'avais caché un peu de morphine.

— Quand on sera près du centre, il vaudra mieux se séparer, dit Roy. Ici, il est préférable d'être ensemble. Si on tombe sur un flic, on lui dira qu'on était avec des filles et qu'on cherche le métro pour rentrer. C'est une chance qu'il pleuve. Tous les flics sont en train de boire du café, bien à l'abri. Bon sang, s'écria-t-il irrité, ne te retourne pas comme ça ! (J'avais jeté un coup d'œil par-dessus mon épaule.)

— C'est normal de regarder derrière soi, dis-je.

— Normal pour des voleurs !

Finalement, nous atteignîmes une autre ligne de métro et nous rentrâmes à Manhattan.

— Je crois que je ne parle pas seulement pour moi en disant que j'ai eu peur tout à l'heure, me dit Roy. Tiens, voilà ta part.

Il me donna trois dollars.

Le lendemain, je lui annonçai que ce genre de travail était terminé pour moi.

— Je ne te le reproche pas, dit-il, mais tu es mal tombé. Tu tomberais forcément sur des bons coups si tu persévérais assez longtemps.

Mon procès se solda par quatre mois avec sursis. Après avoir abandonné le métier de voleur, je décidai de me faire fourgueur. On n'y gagne pas beaucoup d'argent, mais au moins on a toujours de la drogue sous la main et cela procure un sentiment de sécurité. Evidemment, certains revendeurs se font pas mal de fric. J'ai connu un Irlandais qui avait débuté avec deux grammes d'héroïne et deux ans plus tard, quand il se fit arrêter et prit trois ans, il possédait trente mille dollars et un immeuble dans Brooklyn.

Si l'on veut devenir fourgueur, la première chose à faire est de trouver un grossiste. Je n'en connaissais pas, alors je me suis associé à Bill Gains, qui connaissait un bon grossiste italien dans le Lower East Side. On achetait l'héroïne quatre-vingt-dix dollars les sept grammes et on la coupait avec du lactose : à peu près un tiers de lactose pour deux tiers d'héroïne dont on faisait des capsules d'un « grain ». On revendait les capsules deux dollars pièce. Elles contenaient de 10 à 16 % d'héroïne pure, ce qui est beaucoup pour des capsules revendues au détail. On devrait pouvoir faire au moins cent capsules avec 7 grammes d'héroïne. Mais si le grossiste est italien, on peut être certain qu'on en fera moins. Généralement, on en confectionnait quatre-vingts au lieu de cent.

Bill Gains était « de bonne famille » — si mes souvenirs sont exacts, son père était banquier dans le Maryland — et il avait de la classe. Son activité habituelle consistait à voler des manteaux dans les restaurants et il était parfaitement adapté à ce travail. Le bourgeois américain n'a pas de signes particuliers. Il se définit par ce qu'il n'est pas. Gains allait plus loin. Non seulement il ne possédait pas de signe particulier, mais il était positivement invisible : une vague présence respectable. Il existe certains fantômes qui ne peuvent se matérialiser qu'avec un drap ou un bout d'étoffe quelconque. Gains était ainsi. Il se matérialisait avec le manteau d'un autre.

Gains avait un sourire d'enfant malicieux qui contrastait de manière frappante avec ses yeux bleu pâle, éteints et las. Il souriait comme s'il écoutait en lui-même quelque chose d'agréable qui s'y passait. Quelquefois, après une piqûre, il souriait et disait, espiègle : « Ce truc est du tonnerre ! » Il parlait avec le même sourire de la déchéance ou des mésaventures des autres : « Herman était beau gosse quand il a débarqué à New York. L'ennui, c'est qu'il a perdu sa belle allure. »

Gains était un des rares camés à se réjouir de voir des néophytes se transformer en drogués. Beaucoup de fourgueurs camés sont contents de trouver un nouveau client pour des raisons d'argent. Quand on a de la drogue, on cherche naturellement des clients pourvu qu'ils soient valables. Gains, lui, aimait inviter de jeunes garçons dans sa chambre pour leur faire une piqûre à l'œil, la plupart du temps avec des résidus de vieux cotons, puis observer alors les effets, son petit sourire aux lèvres.

La plupart du temps, les gosses disaient que c'était pas mal et les choses en restaient là. C'était comme les barbituriques, les amphétamines, l'alcool ou l'herbe, sans plus. Mais quelques-uns y revenaient assez souvent pour être accrochés, et Gains contemplait ces convertis, souriant comme un pape de la came. Plus tard, il disait : « Vraiment, Untel doit comprendre que je ne peux plus subvenir à ses besoins. » L'initiation n'était plus intéressante. Le temps était arrivé de payer, et de payer sa vie durant, attendant au coin des rues et dans les cafés le fourgueur, le médiateur entre homme et came. Gains n'était qu'un petit curé de campagne dans la hiérarchie de la came. Il évoquait les prélats avec une sainte terreur : « Les trafiquants ont dit... »

Ses veines s'étaient rétractées au point d'être presque introuvables, comme si elles avaient cherché à fuir l'aiguille. Pendant un moment, il utilisa les artères, qui sont plus difficiles à atteindre et il acheta des aiguilles plus longues. Il alternait ses piqûres dans les bras, les mains, et jusque dans les veines de ses pieds. Une veine reprend toujours son état normal après un certain temps. Pourtant, il était souvent obligé de se faire des sous-cutanées après s'être charcuté les veines pendant une demi-heure et avoir nettoyé plusieurs fois son aiguille que le sang bouchait.

Un de mes premiers clients fut un type du Village qui s'appelait Nick. Nick était peintre, du moins quand il faisait quelque chose. Ses toiles étaient minuscules, comme si elles avaient été concentrées, compressées et déformées par un poids énorme. « La production d'un esprit dépravé », déclara avec emphase un agent du bureau des Narcotiques après avoir vu une de ses toiles.

Nick était toujours à moitié malade. Ses grands yeux bruns et suppliants pleuraient un peu et son nez pincé coulait. Il dormait sur les canapés des amis, vivant de la charité précaire d'individus névrosés, instables, bêtement soupçonneux, qui le jetaient subitement dehors sans raison ni préavis. C'est lui qui achetait la drogue pour eux, espérant qu'en remerciement on lui en donnerait au moins une tête d'épingle pour soulager son besoin permanent de drogue. Souvent, il n'obtenait qu'un vague merci de l'acquéreur qui était persuadé que Nick s'était déjà servi. Du coup, Nick commença à prélever une petite dose sur chaque capsule.

Nick était devenu une épave. Son besoin de drogue, insatiable et toujours insatisfait, lui avait fait abandonner tout autre intérêt. Il parlait vaguement de faire une cure à Lexington, ou de s'engager dans la marine marchande, ou de s'acheter de l'élixir parégorique dans le Connecticut pour se soigner tout seul.

Nick me présenta Tony, barman dans un bar-restaurant du Village. Tony avait été revendeur et avait failli se faire pincer quand les agents fédéraux avaient défoncé la porte de son appartement. Il avait eu tout juste le temps de jeter ses deux grammes d'héroïne sous le piano. Les fédéraux n'avaient trouvé que ses seringues et l'avaient laissé en liberté. Tony avait pris peur et arrêté son trafic. C'était un jeune Italien qui savait ce qu'il faisait, et capable de tenir sa langue. Un bon type de client.

J'allais tous les jours au bar où travaillait Tony et je commandais un Coca-Cola. Tony me disait combien de capsules il voulait et j'allais dans les W.C. ou dans la cabine téléphonique pour les emballer dans du papier d'étain. Quand je revenais boire mon Coca, l'argent se trouvait sur le comptoir comme s'il m'avait rendu ma monnaie. Je mettais le paquet dans un des cendriers que

Tony vidait sous son comptoir. Cette mise en scène était nécessaire car le patron savait que Tony s'était drogué et lui avait demandé de cesser ou de chercher un autre boulot. En fait, le propre fils du patron, drogué lui aussi, était à ce moment-là en cure de désintoxication dans une clinique. Quand il sortit, il vint droit à moi pour s'en procurer. Il me dit qu'il ne pouvait s'en passer.

Un jeune hipster italien du nom de Ray venait à ce bar tous les jours. Il me parut réglo et je décidai de m'occuper de lui aussi. Je déposais ses capsules dans le cendrier avec celles de Tony. Ce bar était tout petit et il fallait descendre plusieurs marches pour y entrer. Il n'y avait qu'une seule issue et je m'y sentais toujours comme dans un piège. Cet endroit me donnait une telle impression déprimante de danger que je devais toujours faire un effort sur moi-même pour y pénétrer.

Après m'être occupé de Tony et de Ray, je rencontrais généralement Nick dans un café de la 6e Avenue. Il avait toujours de quoi acheter quelques capsules. Je savais évidemment qu'il achetait pour d'autres types, mais je ne les connaissais pas. J'aurais dû me méfier car les clients comme Nick, qui sont toujours fauchés et en manque, et capables de voler n'importe qui, sont dangereux. Certains ont besoin d'un intermédiaire pour se procurer de la came, parce qu'ils sont de passage ou qu'ils sont drogués depuis trop peu de temps pour se débrouiller tout seuls. Mais les fourgueurs ont raison de se méfier des gens qui achètent par un intermédiaire. En général, un type qui ne s'approvisionne pas lui-même est considéré comme « dangereux ». Alors, il envoie quelqu'un qui ne l'est peut-être pas, mais qui ferait n'importe quoi pour de la came. Acheter pour un mouchard n'est pas dans la moralité des camés. Souvent, un type commence par servir d'intermédiaire à des indics et devient indic lui-même. Mais je ne pouvais pas me permettre de refuser de l'argent. Je n'avais pas de marge. Il fallait que je vende assez de capsules chaque jour pour acheter mes 7 g et je n'avais jamais plus de quelques dollars d'avance. Je prenais donc l'argent de Nick sans poser de questions.

Bill Gains, devenu mon associé, avait ses clients dans le centre et moi au Village. On se retrouvait dans une cafeteria de la 8e Avenue. Il avait quelques bons clients. Izzy était probablement le meilleur. Il était cuisinier sur un remorqueur du port de New York et faisait partie de la clique de la 103e Rue. Izzy avait fait de la prison comme fourgueur, avait la réputation d'être régulier et gagnait bien sa vie. C'était le client idéal.

De temps en temps, Izzy venait avec son ami Goldie, qui travaillait sur le même bateau. Celui-ci était maigre, il avait le nez busqué, la peau du visage tendue et les pommettes enfiévrées. Un autre ami d'Izzy était un jeune ex-parachutiste qui s'appelait Matty. Il était costaud, beau, son visage était viril et ne portait pas les stigmates de la drogue. Il y avait aussi deux putains parmi les clients de Bill. En général, les putains ne sont pas des clientes de tout repos. La police les a à l'œil et la plupart d'entre elles se mettent facilement à table. Mais Bill avait une confiance absolue en ces deux-là.

Un autre de nos clients était le vieux Bart. Il nous prenait tous les jours quelques capsules pour les revendre. Je ne connaissais pas ses clients, mais cela ne me tracassait pas. Bart était correct. Si jamais il avait un ennui, il prendrait ses responsabilités et saurait tenir sa langue. De toute façon, il avait trente ans d'expérience de la came et savait ce qu'il faisait.

Un jour que j'arrivais au café où nous nous rencontrions, je trouvai Bill déjà assis à une table, sa maigre silhouette serrée dans un pardessus qui ne lui appartenait pas. Le vieux Bart, chez qui rien n'attirait l'attention, trempait un beignet dans son café. Bill me dit qu'il s'était déjà occupé d'Izzy : je donnai alors dix capsules à Bart et pris un taxi avec Bill pour rentrer chez moi. Nous nous fîmes une piqûre et vérifiâmes le stock restant, mettant quatre-vingt-dix dollars de côté pour les prochains 7 g.

Après sa piqûre, Bill reprenait quelques couleurs et se mettait presque à minauder. C'était un spectacle affreux. Je me souviens qu'un jour, il me raconta qu'un pédé lui avait fait des propositions pour vingt dollars. Bill avait décliné l'invitation en disant : « Je ne crois pas que vous seriez satisfait. » Puis il ajouta en tortillant ses hanches décharnées : « Tu devrais me voir à poil, je suis mignon à croquer. »

L'un des plus désagréables sujets de conversation de Bill était le bulletin détaillé de l'état de ses intestins.

— Des fois, ça arrive au point où je dois entrer les doigts et retirer l'étron. Dur comme de la porcelaine, tu comprends. C'est extrêmement douloureux.

— Ecoute, coupai-je, le grossiste continue à nous posséder. Je n'ai pu faire que quatre-vingts capsules avec la dernière livraison, même après l'avoir coupée.

— Faut pas trop en demander... Et il enchaînait : Si je pouvais aller à l'hôpital et avoir un bon lavage d'intestins. Mais ils ne font rien si on ne s'inscrit pas, et il n'en est pas question pour moi. Ils te gardent au moins vingt-quatre heures. Je leur ai dit : "Ici, c'est sensé être un hôpital ; je souffre et j'ai besoin d'être soigné. Pourquoi ne pas appeler un externe et..."

Il n'y avait aucun moyen de le faire taire. Quand les gens commencent à parler de leurs problèmes intestinaux, ils sont aussi implacables que les maux dont ils parlent.

Les choses continuèrent ainsi pendant plusieurs semaines. Les clients de Nick me dénichèrent les uns après les autres. Ils en avaient assez de se faire voler une portion de leurs capsules. Quelle équipe ! Chômeurs, pédés, pique-assiettes, mouchards, clochards — incapables de travailler ou même de voler, toujours à court d'argent et pleurnichant pour avoir du crédit. Dans tout ce lot, il n'y en avait pas un capable de tenir le coup devant un flic le giflant pour demander : « Qui t'a refilé ça ? »

Le pire de tous était Gene Doolie, un petit Irlandais décharné, moitié pédé, moitié maquereau. Gene était le mouchard-né. Il dressait sans doute des listes noires de gens — il avait toujours les mains sales — pour les réciter aux flics. On l'imaginait très bien entrant dans les quartiers généraux de l'armée anglaise pendant les troubles d'Irlande ; vêtu d'une toge douteuse et dénonçant des chrétiens ; donnant des renseignements à la Gestapo ou à la Guépéou ; ou encore assis dans un café en compagnie d'un agent de la brigade des stupéfiants. Toujours semblable à lui-même, avec sa face de fouine, minable, habillé de vêtements démodés, la voix pleurnicharde et horripilante.

Ce que Gene avait de plus insupportable était sa voix. Elle vous transperçait. C'est cette voix qui la première m'apprit son existence. Nick venait d'arriver chez moi avec de l'argent quand on m'appela sur le palier par l'interphone.

— Ici Gene Doolie, dit la voix ; j'attends Nick et ça commence à être long.

Il termina sa phrase d'une voix à vous écorcher les oreilles.

Je répondis :

— Il est là et je suppose que vous ne tarderez pas à le revoir. Puis raccrochai.

Doolie rappela le lendemain :

— Je suis juste à côté de chez vous. Ça ne vous dérange pas si je passe ? J'aimerais vous voir seul à seul.

Il raccrocha avant que j'aie pu répondre et dix minutes plus tard il était à ma porte.

Quand on rencontre quelqu'un pour la première fois, il y a une période d'examen mutuel au niveau intuitif de l'empathie et de l'identification. Mais il était impossible d'établir un contact avec Doolie, qui n'était rien d'autre qu'une force hostile, négative, indiscrète. On le sentait entrer tout droit dans votre psyché, farfouillant partout pour essayer de trouver quelque chose dont il pourrait se servir. Je m'écartai de la porte pour éviter tout contact avec lui. Il se glissa dans la chambre, s'assit tout de suite sur le divan et alluma une cigarette.

— C'est mieux de se voir comme ça, tous les deux. (Son sourire avait quelque chose de sexuellement ambigu.) Nick n'est pas très sûr. (Il se leva et me tendit quatre dollars.) Ça ne te dérange pas que je m'envoie en l'air ici ? demanda-t-il en ôtant sa veste.

J'entendais cette expression pour la première fois. Pendant un instant d'égarement, je crus qu'il me faisait des avances. Il posa sa veste sur le divan et retroussa une de ses manches. Je lui apportai deux capsules et un verre d'eau. Il avait sa propre seringue et j'en fus heureux. Je le regardai se piquer, injecter la dose et baisser sa manche.

Chez un habitué, l'effet des piqûres n'est pas spectaculaire. Mais un observateur avisé peut déceler les effets immédiats de la came se répandant dans le sang et les cellules d'autrui. Chez Doolie, je ne remarquai aucun changement. Il enfila sa veste et reprit la cigarette qui se consumait dans le cendrier. Il me regarda de ses yeux bleu pâle et sans profondeur. On aurait dit qu'ils étaient de verre.

— Laisse-moi te dire quelque chose, reprit-il. Tu commets une grosse erreur en faisant confiance à Nick. Il y a quelques jours j'étais dans un café, chez Thompson, et j'ai rencontré l'agent fédéral Rogers qui m'a dit : « Je sais que Nick fournit tous les putains de camés du Village. Et c'est de la bonne — entre 16 et 20 %. Eh bien, tu peux dire ceci à Nick : on l'arrêtera quand on voudra, et quand on l'aura pincé, il faudra bien qu'il travaille pour nous. Il m'a déjà aidé une fois — il recommencera. On trouvera bien d'où vient cette came. »

Doolie me regarda en tirant sur sa cigarette :

— Quand ils attraperont Nick, ils t'auront aussi. Tu ferais bien de prévenir Nick que s'il parle, tu l'enverras au fond de l'East River les pieds dans du ciment. Inutile de t'en dire plus. Tu vois la situation ?

Il me scruta pour voir l'effet que produisaient ses paroles. Il était impossible de savoir exactement jusqu'à quel point je devais le croire. C'était peut-être une manière détournée de me dire : « Tu ne sauras jamais qui t'a dénoncé. Nick étant le suspect idéal, même si c'est moi qui te donne, tu n'en seras jamais certain. »

— Peux-tu me faire crédit pour une capsule ? demanda-t-il. Ce que je viens de te raconter le vaut bien.

Je lui en donnai une qu'il mit dans sa poche sans rien dire.

Il se leva :

— Bon, à bientôt. Je repasserai demain à la même heure.

J'essayai de me renseigner sur Doolie et de vérifier son baratin. Personne ne put rien m'apprendre de précis. Tony le barman me dit : « Doolie parle s'il y est forcé. » Mais il ne put me fournir un exemple précis. Oui, on savait que Nick s'était mis à table une fois. Mais Doolie était dans le même coup et il n'était pas impossible que ce fût lui le donneur.

Quelques jours après cet épisode avec Doolie, un jeune homme blond et maigre m'aborda à la sortie de la station de métro de Washington Square :

— Bill, dit-il, je pense que tu ne me connais pas, mais j'étais ton client par l'intermédiaire de Nick et j'en ai marre qu'il m'en pique à chaque fois. Peux-tu m'en fournir directement ?

Je me dis : « Qu'est-ce que j'en ai à foutre ? Après Gene Doolie, il ne pourra pas être pire comme client. »

— D'accord, petit, fis-je, combien en veux-tu ?

Il me tendit quatre dollars.

— Marchons un peu, dis-je en prenant la direction de la 6e Avenue. (J'avais deux capsules dans la main, attendant le moment propice pour les lui donner.) Tiens-toi prêt.

Je lui filai les deux capsules et lui donnai rendez-vous le lendemain chez Bickford, dans Washington Square.

Le jeune homme s'appelait Chris. Nick me dit que ses parents avaient de l'argent et lui versaient une pension. Je le vis le lendemain chez Bickford et il entonna tout de suite la rengaine sur Nick :

— Nick est filé jour et nuit, maintenant. Tu sais bien que lorsqu'un type a tout le monde à ses trousses, il ne se retourne pas. Il fonce. Alors tu vois à qui tu as choisi de donner ton numéro de téléphone et ton adresse.

— Je sais tout ça, dis-je.

Chris fit mine d'être choqué par ma remarque.

— J'imagine que tu sais ce que tu fais. Maintenant, écoute-moi. Ce n'est pas du boniment. Je vais sûrement recevoir un chèque de ma tante cet après-midi. Regarde !

Il tira un télégramme de sa poche. J'y jetai un coup d'œil. Il y était vaguement question d'un chèque. Il continua ses explications. En même temps, il avait posé la main sur mon bras et me regardait gravement dans les yeux. Je me sentis incapable de supporter plus longtemps toutes ces fadaises. Pour couper court, je lui donnai une capsule avant qu'il ne m'en soutire deux ou trois.

Le lendemain il arriva avec un dollar quatre-vingts. Il ne parla pas du chèque. Et cela continua ainsi. Ou bien il n'avait pas la somme exacte, ou bien il était sans un rond. Il allait toujours recevoir de l'argent de sa tante, de sa belle-mère ou de quelqu'un d'autre. Il étayait ses contes d'un tas de lettres et de télégrammes. Bref, il était presque aussi emmerdant que Gene Doolie.

J'avais un autre client gratiné qui s'appelait Marvin, garçon à mi-temps dans une boîte de nuit du Village. Toujours mal rasé et sale, il ne possédait qu'une seule chemise qu'il lavait à peu près une fois par semaine et qu'il faisait sécher sur son radiateur. Le comble était qu'il ne portait jamais de chaussettes. Je le livrais à domicile car j'estimais que c'était moins dangereux. Il habitait une chambre meublée sale dans un immeuble de brique rouge de Jane Street.

Certaines personnes sont allergiques à la came. Une fois, j'apportai à Marvin une capsule qu'il s'injecta sur-le-champ. Je m'étais détourné car je déteste voir quelqu'un se triturer à la recherche d'une veine. Quand je me retournai, je vis que la seringue était pleine de sang. Marvin était sans connaissance et le sang refluait. J'appelai Nick qui retira la seringue et se mit à gifler Marvin avec une serviette mouillée. Il revint un peu à lui et marmonna quelque chose.

— Je crois qu'il est remis, dis-je, filons.

Il ressemblait à un cadavre, affalé sur le lit sale et défait, son bras pendant mollement et une goutte de sang perlant à l'intérieur de son coude.

En sortant, Nick me dit que Marvin lui avait demandé mon adresse.

— Ecoute, dis-je. Si jamais tu la lui donnes, tu pourras te chercher un autre fourgueur. Si je peux me passer d'un truc, c'est bien de la mort d'un type chez moi.

— Bien sûr que je ne la donnerai pas, dit Nick d'un air offensé.

— Et Doolie, alors ?

— Je ne sais vraiment pas comment il l'a eue. Je te le jure.

En même temps que cette bande de cloches, je fournissais quand même quelques bons clients. Un jour, je rencontrai Bert, un type que j'avais connu à *l'Angle.* C'était un videur. Il était trapu, avec une face ronde, avait l'air faussement timide et se distinguait par ses divers numéros de gros dur. Je croyais qu'il se contentait de marijuana et fus très surpris quand il me demanda si j'avais de la came. Je lui répondis que j'en vendais. Il m'acheta dix capsules. J'appris qu'il était accroché depuis six mois.

Bert me présenta un autre client, Louis, un beau type au teint cireux, aux traits fins et à la moustache noire et soyeuse. Il faisait très 1900. C'était un voleur de classe qui avait généralement pas mal de fric. Quand il me demandait de lui faire crédit, ce qui était rare, il me remboursait toujours le lendemain. Quelquefois, il me payait avec une montre ou un costume, ce qui ne me gênait pas. Une fois, il me paya cinq capsules avec une montre de cinquante dollars.

Vendre de la came est éprouvant pour les nerfs. Tôt ou tard, la flicaille vous fout les jetons et tout le monde vous paraît être de la police. Vous avez l'impression que les gens dans le métro se rapprochent de vous pour vous sauter dessus avant que vous ayez le temps de vous débarrasser de la came.

Doolie venait tous les jours, sans-gêne, exigeant, insupportable. D'habitude, il me donnait les dernières nouvelles de l'affaire Nick-Rogers. Il se foutait bien que je connaisse les rapports suivis qu'il entretenait avec le flic. « Rogers est malin, mais c'est un tordu, disait Doolie. Il me dit toujours qu'il se fout des drogués, que ce qui l'intéresse, c'est le vendeur qui en tire du fric. Quand il prendra Nick, il le fera parler. C'est déjà arrivé et il recommencera. »

Chris me demandait constamment de lui faire crédit, pleurnichant et me faisant miroiter l'argent qu'il recevrait dans quelques jours ou dans quelques heures.

Nick avait l'air harcelé et désespéré. Je suppose qu'il ne dépensait pas un sou pour se nourrir. On aurait dit qu'il était au stade ultime d'une maladie incurable.

Quand je livrais la marchandise à Marvin, je partais toujours avant qu'il se pique. Je savais que la came le tuerait un jour ou l'autre et je ne tenais pas à me trouver dans les parages ce jour-là.

Par-dessus le marché, je m'en sortais à peine. Entre le grossiste qui continuait à nous voler, les clients à qui il manquait toujours vingt-cinq ou cinquante cents, voire même un dollar, et auxquels nous faisions crédit, et mes besoins personnels de came, il n'était pas question de faire des bénéfices, mais seulement d'assurer tout juste ma subsistance. Quand je me plaignais du grossiste, Bill Gains se montrait hargneux et me disait que je n'avais qu'à mettre plus de lactose.

« Tu vends des doses meilleures que n'importe qui dans cette ville. Personne ne fournit de la came à 16 %. Si tes clients ne sont pas contents, dis-leur de l'acheter en pharmacie. »

Nous changions continuellement de café pour nos rendez-vous. Les patrons de bistrot ont tôt fait de repérer un bookmaker et un vendeur de drogue. Nous avions à peu près six clients réguliers dans le centre à cette époque, ce qui représentait déjà pas mal d'allées et venues. A cause de cela, nous devions toujours changer de lieu.

J'avais toujours une peur bleue du bar de Tony. Un jour qu'il pleuvait très fort et que j'étais en retard d'une heure pour m'y rendre, Ray, le jeune hipster italien, me héla d'un restaurant voisin. On pouvait y manger au comptoir ou dans les box disposés le long d'un mur. Nous nous assîmes dans un box et je commandai un thé.

— Il y a un flic avec un imperméable blanc dehors, dit Ray. Il m'a suivi depuis chez Tony et j'ai peur de sortir.

La table était posée sur des tubes métalliques et Ray, guidant ma main, me montra une ouverture dans l'un des tubes. Je lui passai deux capsules qu'il enveloppa dans une serviette de papier et introduisit dans le tube.

— Je ne veux rien avoir sur moi en sortant, on ne sait jamais, dit-il.

Je bus ma tasse de thé, le remerciai de m'avoir averti et sortis le premier. J'avais la came dans mon paquet de cigarettes et me tenais prêt à le jeter dans le caniveau. Il y avait en effet un jeune type costaud vêtu d'un imperméable blanc debout dans le renfoncement d'une porte. Quand il me vit, il se mit à marcher devant moi. Puis il tourna au coin d'une rue pour attendre que je le dépasse. Je fis demi-tour et me mis à courir. Quand j'atteignis la 6e Avenue, il était à quinze mètres de moi. Je me glissai sous le tourniquet de la station de métro et fourrai le paquet de cigarettes derrière un distributeur de chewing-gum. Puis je descendis en courant et pris le métro jusqu'à Times Square.

Bill Gains était attablé au café. Il portait un manteau volé et en avait un autre sur les genoux. Il avait un air sournois et satisfait. Le vieux Bart aussi était là, et un chauffeur de taxi en chômage nommé Kelly. Ce dernier traînait dans les parages de la 42e Rue et se faisait parfois quelques dollars en vendant des capotes anglaises et en tapant des pièces de monnaie aux voyageurs qui regagnaient la banlieue. Je leur racontai l'incident avec l'inspecteur à l'imperméable blanc et le vieux Bart alla récupérer la came.

Gains avait l'air ennuyé et me lança avec mauvaise humeur :

— Crénom, fais un peu attention à tes clients !

— Sans Ray, je serais maintenant en route vers la prison.

— Eh ben en tout cas, fais gaffe.

Nous attendîmes que Bart revienne et Kelly se mit à raconter longuement comment il avait persuadé un gardien de prison de le laisser s'échapper.

Bart fut bientôt de retour avec la marchandise. Il déclara qu'un type en imper blanc faisait encore les cent pas sur le quai de la station. Je filai deux capsules à Bart sous la table.

Bill Gains et moi nous rendîmes chez lui pour nous faire une piqûre.

— Vraiment, il va falloir que je dise à Bart que je ne peux plus m'occuper de lui, déclara-t-il.

Gains habitait une chambre meublée bon marché près de la 40e Rue Ouest. Il ouvrit la porte de sa chambre et me dit :

— Attends ici, je vais chercher ma seringue.

Comme beaucoup de camés, il dissimulait sa seringue et sa provision en dehors de sa chambre. Il revint et nous nous fîmes chacun une piqûre.

Gains était conscient de son manque de présence physique et éprouvait parfois le besoin de prendre consistance, ne serait-ce que pour avoir assez de chair où planter une seringue. Dans ces moments-là, il rassemblait tout ce qui prouvait son existence réelle. Ainsi, il était en train de fouiller ses tiroirs et il en sortait une grande enveloppe usagée. Il me montra son bulletin de renvoi de l'école navale d'Annapolis sur lequel on lisait : « Dans l'intérêt des forces armées... », une vieille lettre de « mon ami, le capitaine », une carte de franc-maçon et une autre de la confrérie des Chevaliers de Colomb.

— Tout ça aide, dit-il en me montrant ces documents.

Il s'assit, silencieux et songeur. Puis il sourit.

— Je suis une victime des circonstances, dit-il. (Il se leva et rangea soigneusement son enveloppe.) Je suis brûlé chez tous les prêteurs de New York. Ça ne t'ennuierait pas de gager ces pardessus à ma place ?

Après cela, les choses allèrent de mal en pis. Un jour, le réceptionniste de mon hôtel m'arrêta dans le hall :

— Je ne sais trop comment vous dire ça, déclara-t-il, mais les gens qui viennent vous voir sont un peu louches. Il y a quelques années, moi aussi je faisais du trafic illicite. Je voudrais vous avertir de faire plus attention. Vous savez que tous les coups de fil passent par le standard. J'ai entendu l'une de vos communications ce matin et c'était très clair. S'il y avait eu quelqu'un d'autre que moi au standard... Alors faites attention et dites à vos amis de peser leurs mots au téléphone.

Le coup de fil dont il parlait venait de Doolie. Il m'avait appelé le matin en gueulant : « J'ai besoin de te voir. Je suis malade. J'arrive tout de suite. »

Je me sentais de plus en plus traqué par les agents fédéraux. Ce n'était qu'une question de temps. Je n'avais aucune confiance en mes clients du Village et j'étais convaincu qu'il y avait au moins un indicateur parmi eux. Doolie était mon suspect numéro un, suivi de près par Nick puis par Chris. Il était également possible que Marvin eût choisi la solution de facilité pour parvenir à s'acheter des chaussettes.

Nick fournissait aussi des gens respectables du Village qui s'offraient quelques fantaisies occasionnelles. Cette clientèle est dangereuse car ce sont des trouillards. Ils ont peur de la police, peur de perdre leur travail. Ils ne voient rien de mal dans le fait de donner des renseignements à la police. Bien sûr, ce n'est pas eux qui iront trouver les flics, pour ne pas être compromis, mais si on les interroge ils se mettent généralement à table.

Les agents de la brigade des stupéfiants comptent beaucoup sur l'aide d'informateurs. Le coup classique est d'arrêter un type qui a de la drogue sur lui, de le laisser mijoter en prison jusqu'à ce qu'il soit bien malade, puis de lui faire le baratin suivant : « On peut te faire mettre à l'ombre pendant cinq ans avec ce que tu avais sur toi. D'un autre côté, tu peux te retrouver libre tout de suite. C'est à toi de décider. Si tu travailles avec nous, tu n'y perdras rien. Tout d'abord, tu auras de la came et de l'argent de poche. Ça, c'est si tu accouches. Réfléchis quelques minutes. »

Le flic sort quelques capsules et les pose sur la table. C'est comme de verser un verre d'eau fraîche à un type qui meurt de soif. « Vas-y, prends-les. Bravo, tu deviens raisonnable. Le premier qu'on voudrait épingler, c'est... »

Certains n'ont même pas besoin d'être forcés. De la came et de l'argent représentent tout ce qu'ils veulent et ils se foutent bien de la manière de l'obtenir. On donne au nouveau mouchard de l'argent marqué et on l'envoie acheter. Quand il achète quelque chose avec cet argent, les flics arrêtent directement le vendeur. Il est essentiel de procéder à l'arrestation avant que le vendeur puisse changer l'argent marqué. Ainsi les flics récupèrent l'argent qui a acheté la came et la came achetée avec l'argent. Si l'affaire est suffisamment importante, le mouchard peut être appelé à témoigner. Il est évident que dans ce cas, le type est repéré par les vendeurs et qu'il n'arrive plus à se fournir. A moins qu'il ne soit envoyé dans d'autres villes (ce qui est le cas pour les plus roublards qui partent en tournée), sa carrière d'informateur s'arrête là.

Tôt ou tard, les trafiquants repèrent les indicateurs qui, dès lors, ne peuvent plus se fournir. Dans ce cas ils ne sont plus d'aucune utilité aux flics qui, généralement, les envoient en taule. Souvent, ils finissent par faire plus de prison que les vendeurs qu'ils ont aidé à faire arrêter.

Dans le cas de jeunes gens qui ne peuvent pas faire des indics à temps complet, le processus est différent. Le flic entonne parfois le vieux refrain : « Ça me fait mal au cœur d'envoyer un gosse comme toi en prison. Tu as fait une bêtise, bien sûr, mais qui n'en fait pas. Maintenant, écoute : je peux arranger cela, mais il faut que tu sois coopératif sinon je ne pourrai rien pour toi. » Ou bien ils commencent par une grande claque dans la gueule et demandent : « Où as-tu acheté ça ? » Pour la plupart, c'est suffisant. Dans ma clientèle, on aurait pu trouver tous les types d'indicateurs, réels ou en puissance.

Après l'intervention du réceptionniste, je déménageai dans un autre hôtel et m'inscrivis sous un faux nom. Je cessai d'aller au Village et fixai tous mes rendez-vous dans le centre.

Quand je racontai à Gains ce que le réceptionniste m'avait dit en soulignant la chance que nous avions eue de tomber sur un type régulier, il déclara :

— Il faut se tailler. On se fera piquer avec cette bande de cloches.

— Ah oui ! répliquai-je, mais ils nous attendent devant le self. Toute la bande. On y va aujourd'hui ?

— Oui, j'ai décidé d'aller faire la cure à Lexington et j'ai besoin de fric pour prendre le car. Je pars ce soir.

Dès qu'on nous aperçut, Doolie accourut à toutes jambes en enlevant sa veste de sport de deux couleurs. Il avait aux pieds des espèces de sandales ou de pantoufles.

— Donne-moi quatre capsules pour cette veste, je suis resté en taule pendant vingt-quatre heures, dit-il.

Doolie malade n'était pas beau à voir. Sa personnalité disparaissait, dissoute par ses cellules affamées de came. Viscères et cellules, galvanisés par une répugnante activité d'insecte, semblaient sur le point de crever leur enveloppe. Son expression était hagarde, méconnaissable, en même temps que ratatinée et tumescente.

Gains lui donna deux capsules et prit la veste.

— Je t'en donnerai deux autres ce soir, ici à neuf heures, dit-il.

Izzy, qui avait suivi la scène en silence, regardait Doolie avec dégoût.

— Bon dieu ! dit-il. Des sandales !

Les autres se pressaient autour de nous, mains tendues, comme une bande de mendiants orientaux. Aucun n'avait d'argent.

— Pas de crédit ! dis-je.

Et nous partîmes. Ils nous suivirent en pleurnichant, s'agrippant à nos basques. « Juste une capsule ! »

Je répondis non et continuai à marcher. L'un après l'autre, ils renoncèrent. Nous descendîmes dans le métro et annonçâmes à Izzy que nous allions nous ranger des voitures.

— Je vous comprends, dit-il. Des sandales !

Izzy acheta six capsules et nous en donnâmes deux au vieux Bart, qui partait pour la cure de trente jours à Riker's Island.

Bill Gains examinait la veste d'un œil connaisseur.

— Elle vaut au moins dix dollars. Je connais

un tailleur qui me la raccommodera. (Une des poches était légèrement déchirée.) D'où vient-elle ?

— Il prétend qu'elle vient de chez *Brooks Brothers,* mais il est du genre à dire que tout ce qu'il vole vient de chez *Brook's* ou de chez *Abercrombie & Fitch.*

— Quel dommage ! dit Gains en souriant ; mon car part à six heures et je n'aurai pas le temps de lui donner les deux capsules que je lui ai promises.

— T'en fais pas pour ça. Il nous doit au moins vingt dollars.

— C'est vrai ? Alors, pas de problème !

Bill Gains partit pour Lexington et moi, je me mis en route pour le Texas dans ma voiture. J'emportais un peu moins de deux grammes de came. Je pensais que c'était suffisant pour réduire peu à peu mes doses d'après le plan détaillé que je m'étais fixé. La chose devait durer douze jours — j'avais la came en solution et de l'eau distillée dans une autre bouteille. Chaque fois que je me ferais une piqûre, je remettrais l'équivalent d'eau distillée dans la came en solution. Après un certain temps, je finirais par m'injecter de l'eau pure. Cette méthode est bien connue de tous les camés. Il existe une variante appelée cure chinoise, qui se pratique avec de l'opium et un sirop médicamenté quelconque. Après quelques semaines, on se retrouve en train de boire le sirop pur.

Quatre jours plus tard, à Cincinnati, il ne me restait plus de came et j'étais immobilisé. Je n'ai jamais vu une de ces cures, individuelles, réussir. On a toujours une bonne raison pour prendre exceptionnellement un peu plus de came à chaque piqûre. Finalement, il ne reste plus de came et le manque est toujours là.

Je mis ma voiture au garage et pris le train pour Lexington. Je n'avais pas les papiers nécessaires pour y entrer, mais je comptais sur mon certificat de licenciement de l'armée pour y être admis. En arrivant à Lexington, je pris un taxi pour l'hôpital situé à plusieurs kilomètres en dehors de la ville. A l'entrée, le gardien, un vieil Irlandais, examina mes papiers militaires.

— Etes-vous intoxiqué par l'emploi de drogues créant une accoutumance ?

Je répondis que oui.

— Asseyez-vous, me dit-il en me désignant un banc.

Il appela le bâtiment principal. « Non, pas de dossier... seulement un certificat de l'armée. » Il se tourna vers moi :

— Etes-vous déjà venu ici ? demanda-t-il.

Je répondis que non.

« Il dit qu'il n'est jamais venu. » Il raccrocha.

— Une voiture va venir vous chercher dans quelques minutes, dit-il. Avez-vous de la drogue ou une seringue sur vous ? Il faut les laisser, car si vous les emportez dans l'hôpital, on peut vous faire un procès pour introduction frauduleuse d'objets dans un bâtiment du gouvernement.

— Je n'ai rien.

Après quelques minutes d'attente, une voiture m'emmena au bâtiment principal. Une lourde grille métallique s'ouvrit automatiquement pour laisser passer la voiture, puis se referma derrière nous. Un gardien écouta poliment mon histoire.

— C'est très bien d'être venu nous trouver, me dit-il. Il y a ici un type qui depuis vingt-cinq ans passe tous les Noël enfermé quelque part.

Je mis mes affaires dans un panier et pris une douche. Après cela, je dus passer une visite médicale. J'attendis le médecin près d'un quart d'heure. Celui-ci s'excusa de m'avoir fait attendre. Il m'examina et je lui racontai mon histoire. Il se montra courtois et efficace. Il m'interrompit de temps à autre pour poser une question ou faire une remarque. Quand je lui expliquai que j'achetais la drogue par quart d'once, il sourit et dit :

— Vous en vendiez un peu pour pouvoir continuer, 'pas ?

Finalement, il se renversa dans son fauteuil et dit :

— Comme vous le savez, vous pouvez partir quand vous voulez en nous avertissant vingt-quatre heures à l'avance. Certains repartent au bout de dix jours et ne repiquent jamais au truc. D'autres restent six mois et recommencent deux jours après leur sortie. Mais statistiquement, plus vous resterez, plus grandes seront vos chances d'être définitivement guéri. Ici, la cure est plus ou moins la même pour tout le monde. Elle dure de huit à dix jours suivant le degré d'intoxication. Vous pouvez vous habiller maintenant.

Il me désigna un pyjama, une robe de chambre et des pantoufles. Le médecin parla ensuite rapidement dans un dictaphone. Il fit un bref rapport sur mon état physique et sur mon degré d'intoxication : « Le malade paraît calme et donne des raisons d'ordre familial comme motif de se faire soigner. »

Un garde me conduisit dans la section qui m'était assignée.

— Si vous voulez arrêter de vous droguer, me confia-t-il, c'est ici le meilleur endroit pour le faire.

L'infirmier chargé de ma section me demanda si je voulais vraiment me désintoxiquer. Je lui répondis que oui et il me donna une chambre particulière.

Un quart d'heure plus tard, il cria : « En rang pour la piqûre ! » Tous les pensionnaires de la section se mirent en rang. A l'appel de son nom, on passait son bras dans un guichet de la porte menant à la réserve de médicaments et l'infirmier faisait la piqûre. Malade comme je l'étais, cela me fit du bien. J'eus faim immédiatement. J'allai dans la salle commune où se trouvaient des bancs, des chaises et un poste de radio, et bavardai avec un jeune Italien qui avait des allures de dur. Il me demanda si mon casier judiciaire était chargé. Je lui répondis que non.

— On aurait dû te mettre chez les « sans-histoires », dit-il. Le traitement est plus long et les chambres plus confortables.

Les « sans-histoires » étaient ceux qui venaient à Lexington pour la première fois et que l'on jugeait être de bons sujets pour une guérison définitive. Apparemment, le médecin qui m'avait reçu ne pensait pas grand bien de mes possibilités.

D'autres malades se joignirent à nous. La piqûre les avait rendus loquaces. Ce fut d'abord un Noir de l'Ohio.

— A combien as-tu été condamné ? lui demanda l'Italien.

— A trois ans. Pour contrefaçon et vente d'ordonnances. (Il commença à parler de sa détention dans l'Ohio.) C'est pas une prison marrante. Il y a une bande de petits salauds là-bas. Tu prends ta dose à l'infirmerie de la prison et un voyou s'approche et te dit : « Donne-la-moi. » Si tu ne le fais pas, il te met son poing dans la gueule et ils te tombent tous dessus. Pas moyen de leur filer une raclée à chacun.

Un croupier de East Saint Louis décrivait la manière d'extraire l'acide carbonique d'une solution de phénol, d'huile d'amandes douces et de teinture d'opium.

— Je dis au toubib que j'ai ma vieille mère qui utilise cette préparation pour soulager ses hémorroïdes. Après avoir filtré l'huile d'amandes douces, on met le reste dans une cuiller qu'on tient au-dessus d'une flamme. Le phénol s'évapore instantanément. Ça te fait vingt-quatre heures.

Un bel homme d'une quarantaine d'années, solide, le teint bronzé et les cheveux grisonnants, raconta comment sa petite amie lui avait fait parvenir de la came dans une orange :

— Alors nous voilà tous les deux au parloir de la prison. Nom de dieu, on en faisait dans nos frocs. Bon sang ! que cette orange était amère quand j'ai mordu dedans ! Il devait y avoir entre quinze et vingt grains injectés dedans. Je n'aurais pas cru qu'elle était aussi fûtée, la môme !

— Le gardien me dit : « Sale camé ! Fils de pute ! T'es accroché mais ici tu n'auras rien ! »

— Huile d'amandes douces et teinture d'opium. L'huile remonte à la surface et on peut la récupérer avec un compte-gouttes. Le reste devient noir comme du goudron quand on chauffe.

— Alors j'arrivai à Philadelphie, malade comme un chien.

— Alors le toubib me dit : « D'accord, combien t'en prends par jour ? »

— T'as déjà essayé le dilaudid en poudre ? Beaucoup de types en sont morts. Il ne faut pas en prendre plus qu'une pointe de cure-dent.

— Tu le fais bouillir et tu l'injectes.

— Défoncé.

— Plein comme un œuf.

— C'était en 33. Vingt-huit dollars l'once.

— On fabriquait des pipes avec des bouteilles et des tubes de caoutchouc. Quand on avait fini de fumer, on cassait les bouteilles.

— Tu le fais bouillir et tu l'injectes.

— Défoncé.

— Mais si, on peut injecter de la cocaïne en sous-cutanée ! Ça te fait de l'effet instantanément.

— Héro et coco. Tu la *sens* descendre en toi.

Ils étaient comme des hommes affamés qui ne peuvent parler de rien d'autre que de nourriture. Quand l'effet de la piqûre s'estompa, les conversations mollirent. Ils partirent s'allonger dans un coin, lire ou jouer aux cartes. Le repas fut servi dans la salle commune et fut excellent.

On avait trois piqûres par jour, une à sept

heures quand on se réveillait, la seconde à une heure de l'après-midi et la dernière à neuf heures du soir. Deux vieilles connaissances arrivèrent à l'hôpital dans l'après-midi ; c'étaient Matty et Louis. Je rencontrai Louis en faisant la queue pour la piqûre du soir.

— Ils t'ont eu ? demanda-t-il.

— Non, je suis juste là pour la cure, et toi ?

— Pareil, dit-il.

En même temps que la piqûre du soir, on nous donnait de l'hydrate de chloral dans un verre. Au cours de la nuit, il y eut cinq nouveaux arrivants. Le gardien déclara :

— Je ne sais pas où je vais pouvoir les mettre. J'ai déjà trente et un toxicomanes ici.

Parmi les nouveaux venus, il y avait un homme distingué de soixante-dix ans, aux cheveux blancs, qui s'appelait Bob Riordan. C'était un escroc, un vendeur de came et un pickpocket de la vieille école. Il avait l'air d'un banquier du début du siècle. Il était venu en voiture avec deux amis. En chemin, ils avaient téléphoné au chirurgien général à Washington pour lui demander de prévenir l'hôpital et être admis sans attendre. Ils parlaient du chirurgien général en l'appelant Félix et semblaient le connaître depuis très longtemps. Mais seul Riordan entra à l'hôpital ce soir-là. Les deux autres se rendirent dans une ville proche de Lexington où ils connaissaient un toubib qui les dépannerait avant que le manque de came ne se fasse sentir.

Ils arrivèrent tous deux le lendemain vers midi. Sol Bloom était gros et avait un air typiquement juif. Il avait tout de l'escroc. Il était accompagné d'un petit homme maigre nommé Bunky. Celui-ci aurait pu passer pour un vieux fermier ou pour n'importe quel petit vieux maigrichon, sans ses yeux gris, paisibles et froids derrière des lunettes cerclées de métal, qui contrastaient avec le reste. Ils étaient des amis de Riordan. Tous trois avaient fait pas mal de prison, fédérale le plus souvent, pour trafic de drogue. Ils étaient courtois, mais gardaient une certaine distance. Ils prétendaient vouloir sincèrement se désintoxiquer parce que les agents fédéraux étaient continuellement sur leur dos.

Comme l'expliqua Sol :

— Nom de dieu, j'adore la came et je peux en avoir une chambre pleine, si je veux. Mais si je ne peux pas y toucher sans que la police me traque tout le temps, j'arrête et je ne veux plus en entendre parler.

Il continuait à parler de vieux copains qui avaient débuté avec la drogue et qui étaient devenus respectables.

— A présent, ils disent : « N'ayez rien à voir avec Sol. C'est un *malade.* »

Je ne pense pas qu'ils espéraient que nous allions gober leur histoire de désintoxication. C'était simplement une façon de dire : « La raison pour laquelle nous sommes ici ne regarde personne. »

Un autre nouveau venu était Abe Green, un juif au long nez et unijambiste. C'était le portrait tout craché de Jimmy Durante. Il avait de petits yeux d'oiseau, bleu pâle. Même en état de manque, il dégageait une intense vitalité. La première nuit qu'il passa à l'hôpital, il fut tellement malade qu'un médecin vint l'examiner et lui administra un demi-grain de morphine supplémentaire. Quelques jours plus tard, il clopinait partout, parlait à tout le monde et jouait aux cartes. Green était un trafiquant connu de Brooklyn, un des seuls revendeurs indépendants dans le business. La plupart des fourgueurs sont obligés de travailler pour le Syndicat ou d'arrêter, mais Green avait tellement de relations qu'il pouvait continuer à travailler seul. En ce moment, il était libéré sous caution et attendait un non-lieu pour saisie illégale.

— Il (l'agent fédéral) me réveille au beau milieu de la nuit et me frappe sur la tête avec son flingue. Il voulait que je dénonce mon contact. Je lui ai dit : « J'ai cinquante-quatre ans et je n'ai jamais donné personne. Je serai mort avant de le faire... »

Il nous raconta qu'en prison à Atlanta, il s'était désintoxiqué tout seul :

— Pendant quatorze jours, je me suis cogné la tête contre les murs et j'avais les yeux et le nez qui pissaient le sang. Quand le gardien venait me voir, je lui crachais au visage.

Venant de lui, ces histoires avaient quelque chose d'épique.

Il y avait un autre juif de New York, drogué de longue date lui aussi et qui s'appelait Benny. Il avait déjà fait onze séjours à Lexington et cette fois-ci, c'était sous le coup de la loi « Blue Grass »*. D'après cette loi du Kentucky : « Tous les drogués reconnus ont le choix entre une année de détention ou suivre la cure de Lexington. » C'était un juif petit et gras à la face lunaire. Je n'aurais jamais pu croire qu'il était drogué. Il avait une assez belle voix et son plus grand succès était *April Showers*.

Un jour, Benny entra dans la salle commune tout excité :

— Moishe vient d'arriver, dit-il. Il est mendiant *et* pédé ; la honte de la race juive.

— Mais, Benny ! dit quelqu'un. Il est marié et il a des gosses.

— Je m'en fous. Même s'il a dix gosses, c'est un pédé, déclara Benny.

Moishe arriva une heure plus tard. De toute évidence, il était un pédé comme un phoque et un pique-assiette de première. Il avait environ soixante ans, un visage lisse et rose et des cheveux blancs.

---

* « Blue Grass », surnom de l'Etat du Kentucky. (N.D.T.)

Matty était partout, parlait à tout le monde, posait des questions crues et directes et décrivait en détail ses symptômes de renonce. Il ne se plaignait jamais et je crois bien qu'il était incapable de s'apitoyer sur son propre sort. Bob Riordan lui demanda ce qu'il faisait dans la vie et Matty lui répondit :

— Je ne suis qu'un petit connard de voleur. (Il raconta une histoire d'ivrogne dormant sur un banc du métro.) Je savais qu'il avait de l'argent dans sa poche, mais chaque fois que je m'approchais, il se réveillait et disait : « Qu'est-ce que tu veux ? » (Je voyais très bien comment l'odeur forte de Matty pouvait réveiller l'ivrogne.) Alors je suis allé trouver un type que je connaissais, une vieille cloche accrochée aux barbituriques. Il s'est assis à côté du type et en vingt secondes, il avait l'argent. Il avait découpé la poche.

— Pourquoi n'as-tu pas forcé l'ivrogne à te donner le fric ? demanda Riordan du ton affable qui lui était coutumier.

Matty avait un culot monstre et c'était un fonceur. Il ne ressemblait en rien à un drogué. Si un pharmacien refusait de lui vendre une seringue, Matty lui disait : « Pourquoi me la refusez-vous ? Est-ce que j'ai l'air d'un camé ? » Matty prétendait que c'était à cause d'un médecin qu'il s'était intoxiqué : « Ce sale juif me disait toujours : "T'as besoin d'une petite piqûre, Matty. T'as pas bonne mine." Mais je lui ai fait regretter de m'avoir connu. »

J'imaginais très bien un vieux toubib juif et obèse essayant de refuser une piqûre à crédit à Matty. Les types comme lui sont dangereux pour un fourgueur. La plupart du temps, ils ont de l'argent et quand ils n'en ont pas, ils s'attendent à ce qu'on leur fasse crédit. Si on refuse, ils essayent la manière forte. Il est impossible de leur résister quand ils veulent de la drogue.

La cure de Lexington n'est pas sensée assurer

le confort du camé. Elle commence avec un quart de grain de morphine trois fois par jour pendant huit jours — d'ailleurs, on remplace désormais la morphine par un produit de synthèse appelé dolophine. Après huit jours, on a droit à une dernière piqûre et on change de quartier. Là, on reçoit des barbituriques trois soirs de suite et c'est la fin du traitement.

Pour quelqu'un qui est sérieusement intoxiqué, c'est difficile à suivre. J'eus de la chance dans la mesure où j'étais déjà malade en entrant à l'hôpital, si bien que les doses allouées pendant la cure suffirent à me maintenir en forme. Plus vous êtes malade et plus vous êtes en manque, moins vous avez besoin de came pour vous soulager.

Après ma dernière piqûre, je fus envoyé au bloc B : on l'appelait « la cour des miracles », pas parce qu'on y était mal logé, mais parce que les pensionnaires avaient piteuse figure. Dans ma section, il y avait un tas de vieilles cloches bavotantes.

On vous accorde sept jours de repos après la fin du traitement, puis il faut choisir un métier et se mettre au travail. Lexington possède une vraie ferme et une laiterie. Il y a aussi une conserverie pour les fruits et les légumes cultivés à la ferme. Les pensionnaires s'occupent également d'un atelier de prothèse dentaire, d'un atelier de réparation de postes de radio et d'une bibliothèque. Ils font office de concierge, de cuisinier, de serveurs et aident les gardiens. On peut donc choisir entre différents métiers.

Je ne pensais pas rester assez longtemps pour travailler. Lorsque l'effet de la dernière piqûre se dissipa, je fus de nouveau malade. Ce n'était qu'un pâle reflet de l'état dans lequel je m'étais trouvé en arrivant, mais ce n'était tout de même pas drôle. Même avec les somnifères, je fus incapable de dormir la première nuit. Le lendemain, ce fut pire. Je ne pus rien manger et dus faire un effort pour bouger. La dolophine calme la douleur momentanément, mais celle-ci revient dès que le traitement cesse. « On ne peut pas se désintoxiquer tant qu'on est encore sous piqûre, m'avait expliqué un pensionnaire. C'est à partir du moment où l'on n'a plus de médicaments que l'on se désintoxique vraiment. » Quand je n'eus même plus les somnifères, je demandai à partir, bien que je fusse encore malade. Par un après-midi froid et venteux, cinq d'entre nous prirent un taxi pour se rendre en ville.

« L'important, c'est de se tirer d'ici maintenant, me dirent mes compagnons. Va à la gare routière et restes-y jusqu'au départ de ton car. Sinon, tu pourrais tomber sous le coup de la loi Blue Grass. » Cette loi fut votée, entre autres choses, pour protéger les médecins et les pharmaciens du Kentucky contre l'insistance importune des drogués allant à l'hôpital ou en revenant. Elle sert aussi à décourager les toxicomanes de traîner dans Lexington.

A Cincinnati, je fis le tour des pharmacies pour acheter de petites quantités d'élixir parégorique. Deux onces d'élixir parégorique peuvent soulager un camé qui a déjà réduit ses doses, comme c'était mon cas. J'en absorbai trois onces avec un peu d'eau chaude. Au bout de dix minutes, je sentis la came prendre, et mon malaise se dissipa. J'eus aussitôt faim et je sortis de l'hôtel pour aller manger.

Je finis par partir pour le Texas, où je restai quatre mois sans prendre de came. Puis je gagnai la Nouvelle-Orléans. Cette ville est formée de plusieurs couches de ruines. Le long de Bourbon Street se trouvent les ruines des années vingt. Là où le quartier français rejoint le quartier interlope, on trouve des ruines plus anciennes encore : petits bistrots où l'on sert du chili, saloons à l'ancienne avec des comptoirs d'acajou, des crachoirs et des lustres de cristal. Les ruines de l'époque 1900.

Il y a des gens de la Nouvelle-Orléans qui n'ont jamais franchi les limites de la ville. L'accent rappelle à s'y méprendre celui de Brooklyn. Le quartier français est toujours plein de monde : touristes, militaires, marins, joueurs, détraqués, errants, fugitifs de tous les Etats de la Confédération. Les gens flânent, seuls, sans but, la plupart arborant un air renfrogné et hostile. C'est un lieu de plaisir. Même les criminels y viennent se mettre au vert et se détendre.

Mais un ensemble complexe de tensions de toutes sortes, semblable aux labyrinthes électrifiés inventés par les psychologues pour détraquer le système nerveux des souris blanches ou des cobayes, maintient les malheureux chercheurs-de-plaisir dans un état d'inassouvissement fébrile. Tout d'abord, la Nouvelle-Orléans est anormalement bruyante. Les automobilistes conduisent à grands coups d'avertisseurs, à la manière des chauves-souris. Les autochtones sont hargneux. Les visiteurs, quant à eux, forment un conglomérat hétéroclite, si bien qu'on ne peut prévoir comment chacun va réagir.

Pour moi, la Nouvelle-Orléans était une ville inconnue et je ne disposais d'aucun moyen pour m'approvisionner en came. Au cours de mes flâneries, j'avais repéré plusieurs quartiers de camés : Saint-Charles et Poydras, les rues voisines de Lee Circle, Canal et Exchange Place. Je ne repère pas les quartiers de camés à leur apparence mais à l'impression qui s'en dégage, un peu comme un sourcier trouve de l'eau. Quand je me promène, je sens la drogue de mes cellules s'agiter comme la baguette du sourcier : « Il y a de la came ici ! »

Je n'avais personne à qui m'adresser et de toute façon, je voulais rester à l'écart de la drogue. Du moins, je le pensais.

Un soir, je buvais un rhum-coca dans un bar appelé *Chez Frank,* près d'Exchange Place. C'était un endroit louche. Il y avait des marins et des dockers, des pédés, des croupiers venus de la salle de jeu voisine ouverte toute la nuit, et quelques personnages indéfinissables. Debout près de moi se tenait un type d'âge moyen, au visage long et maigre surmonté de cheveux gris. Je lui proposai de boire une bière avec moi.

— Ce serait avec plaisir, me dit-il, mais malheureusement je ne pourrais pas vous en offrir une en retour.

C'était visiblement un travailleur manuel, autodidacte et affreusement casse-pieds une fois qu'il vous avait catalogué comme « intellectuel ».

Je commandai deux bières et il me répéta qu'il avait l'habitude de payer sa tournée. Quand nous fûmes servis, il dit :

— Si nous nous asseyions à une table pour pouvoir parler de l'état de notre planète et du sens de la vie sans être dérangés ?

Nous allâmes nous asseoir et je cherchais déjà un prétexte pour filer quand il me dit tout à trac :

— Eh bien, par exemple, je sais que la drogue est un problème qui vous intéresse.

— Comment le savez-vous ? demandai-je.

— Je le sais, dit-il en souriant. Je sais que vous êtes ici pour enquêter sur la drogue. J'ai beaucoup travaillé dans ce sens, moi aussi. Je suis allé cinquante fois au FBI pour leur dire ce que je savais. Naturellement, vous connaissez les liens qui existent entre la drogue et le communisme ? J'ai travaillé sur un bateau de la ligne C & A l'année dernière. Les communistes contrôlent cette ligne. Le chef mécanicien en était un. Je l'ai repéré tout de suite. Il fumait la pipe et l'allumait avec un briquet à cigarettes. Il s'en servait pour faire des signaux. (Il me montra comment le type allumait sa pipe avec un briquet à cigarettes en couvrant et en découvrant la flamme.) Oh, il était malin !

— A qui faisait-il des signaux ? demandai-je.

— Je ne sais pas exactement. Un avion nous a suivis pendant quelque temps. Je l'entendais chaque fois que ce type sortait pour allumer sa pipe. Laissez-moi vous dire quelque chose qui vous fera peut-être gagner beaucoup de temps. C'est à l'hôtel *Frontier* que vous devez aller pour récolter les renseignements que vous désirez. Il appartient aux mêmes personnes qui possèdent l'hôtel *Standish* à Philadelphie. Ils sont dans le trafic de la drogue et ont des rapports avec les communistes.

— N'est-ce pas dangereux pour vous de parler ainsi ? Vous ne me connaissez pas. Supposez que je sois de l'autre bord.

— Je sais à qui je parle, dit-il. Si je ne le savais pas, je ne serais pas ici. Je serais mort. Ne vous ai-je pas choisi, parmi tous les gens qui sont dans ce bar ?

— Oui, mais pourquoi ?

— Il y a quelque chose qui me souffle ma conduite. (Il me montra une médaille religieuse qu'il portait au cou.) Si je ne la portais pas, ça fait longtemps que j'aurais reçu un coup de couteau ou une balle de revolver.

— Pourquoi vous intéressez-vous aux stupéfiants ?

— Parce que je n'aime pas le mal qu'ils font à ceux qui en usent. J'avais un copain sur le bateau qui en prenait.

— Mais dites-moi, insistai-je, quel est le rapport exact entre les stupéfiants et le communisme ?

— Vous le savez beaucoup mieux que moi. Je vois que vous essayez de comprendre jusqu'à quel point je suis au courant. Très bien. Ce sont les mêmes gens qui s'occupent de drogue et de communisme. Actuellement, ils contrôlent la quasi-totalité des Etats-Unis. Je suis marin. J'ai vingt ans de marine derrière moi. Qui obtient tous les boulots au Syndicat de la marine ? Des Américains blancs comme vous et moi ? Non. Des Ritals, des Espagnols et des négros. Pourquoi ? Parce que le Syndicat contrôle les bateaux et que les communistes contrôlent le Syndicat.

— Je serai dans les parages, si vous avez besoin de moi, dit-il quand je me levai pour partir.

Dans le quartier français, plusieurs bars de pédés sont tellement pleins chaque soir qu'ils débordent sur les trottoirs. Une salle pleine de pédés me fait horreur. Ils sautillent comme des marionnettes actionnées par des fils invisibles et leur agitation hideuse est la négation de toute activité vivante et spontanée. L'être humain en eux a plié bagages depuis longtemps. Mais le vide laissé a été comblé par autre chose quand l'occupant de départ est parti. Les pédés sont comme les marionnettes d'un ventriloque qui se seraient substituées au ventriloque lui-même. La marionnette s'installe dans un bar en compagnie d'autres marionnettes, boit sa bière à petites gorgées, et de sa tête figée de poupée se déverse un flot ininterrompu de pépiements.

Parfois, on rencontre encore quelques types bien dans un bar de pédés, mais ces derniers donnent le ton à l'endroit et cela me démoralise toujours d'aller dans ce genre d'établissement. A la fin, c'est trop. Après une première semaine passée dans une ville, j'en ai ma claque et je finis toujours par aller boire dans un bar du quartier interlope.

De temps en temps, il m'arrive pourtant de revenir dans les premiers. Un soir, je m'étais saoulé à mort chez *Frank's* et j'atterris dans un de ces bars à pédés. Je dus y boire encore car j'y passai un long moment. Le jour se levait quand il y eut une soudaine accalmie dans le bar, ce qui arrive rarement dans ce genre de boîte. Je suppose que la plupart des pédés étaient partis. J'étais accoudé au comptoir devant une bière dont je n'avais pas envie. Le bruit se dissipa comme de la fumée et je vis à un mètre de moi un jeune type roux qui me regardait droit dans les yeux.

Il n'avait pas une allure de pédé, alors je lui demandai :

— Qu'est-ce que tu fous ici ? ou quelque chose comme ça.

— Est-ce que tu veux coucher avec moi ? dit-il.

— D'accord, répondis-je. Allons-y !

En partant, il prit ma bouteille de bière et la glissa sous sa veste. Dehors, il faisait bon et le soleil se levait. Nous traversâmes le quartier français d'un pas mal assuré, tout en nous repassant la bouteille. Il se dirigeait vers son hôtel, affirma-t-il. Je sentais mon estomac se contracter comme si j'allais me piquer après une longue abstinence. J'aurais dû me méfier, bien sûr, mais je n'ai jamais pu allier la méfiance et le sexe. Tout le long du chemin, il me parla avec son accent du Sud, très sexy, qui n'était pas celui de la Nouvelle-Orléans, et même à la lumière du jour il était encore beau.

Nous arrivâmes devant un hôtel et il me fit le baratin habituel, qu'il valait mieux qu'il entre le premier, seul. Je sortis quelques billets de ma poche. En les voyant, il me dit :

— Donne-moi dix dollars.

Je les lui donnai. Il entra et ressortit aussitôt.

— Pas de chambre ici, dit-il. Essayons au *Savoy*.

Le *Savoy* était juste en face.

— Attends-moi là, dit-il.

J'attendis près d'une heure avant de comprendre ce qui s'était passé dans le premier hôtel. Il n'y avait pas de sortie arrière ou latérale. Je retournai chez moi et pris mon revolver. Je fis le guet autour du *Savoy* et le recherchai dans tout le quartier français. Vers midi, j'eus faim et je mangeai une assiette d'huîtres accompagnée d'un verre de bière. Soudain je me sentis si fatigué que lorsque je me levai pour sortir, mes jambes faillirent se dérober sous moi, comme si on me sciait les genoux par derrière.

Je pris un taxi pour rentrer et me jetai sur le lit sans même retirer mes chaussures. Je me réveillai vers six heures de l'après-midi et allai chez *Frank's*. Après avoir avalé trois bières d'affilée, je me sentis mieux.

Il y avait un type devant le juke-box et nos regards se croisèrent à plusieurs reprises. Il me regardait de l'air entendu du pédé qui regarde un autre pédé. Il ressemblait à une de ces potiches en terre cuite rouge dont on fait des jardinières. Une tête de paysan, alliant l'intuition, la bêtise, la ruse et la malice.

Le juke-box ne marchait pas. Je traversai la salle et lui demandai ce qui n'allait pas avec la machine. Il me répondit qu'il ne savait pas. Je lui proposai alors de boire un verre avec moi et il commanda un Coca-Cola. Il me dit qu'il s'appelait Pat. Je lui dis que j'arrivais de la frontière mexicaine.

— J'aimerais y aller, déclara-t-il, pour rapporter de la camelote du Mexique.

— La frontière est bien gardée.

— J'espère que tu ne te vexeras pas, enchaîna-t-il, mais d'après ta tête, tu dois te camer.

— Bien sûr.

— Tu veux en acheter ? me demanda-t-il. J'y vais dans quelques minutes. Ça fait un moment que je cherche à me procurer du fric. Si tu me payes une capsule, je pourrai t'en acheter aussi.

— Okay, fis-je.

Nous sortîmes et passâmes devant les bâtiments du Syndicat national de la Marine.

— Attends ici une minute, dit-il en disparaissant dans un bar.

Je m'attendais presque à être refait de mes quatre dollars, mais il revint quelques minutes plus tard.

— Ça va, dit-il, je l'ai.

Je lui proposai de venir chez moi pour se piquer. Dans ma chambre, je sortis mon matériel qui n'avait pas servi depuis cinq mois.

— Si tu n'es pas accroché, vas-y mollo avec ça, me prévint-il, c'est de la bonne.

Je pris les deux tiers d'une capsule.

— La moitié suffira, dit-il. Je t'assure que c'est fort.

— Ça ira, dis-je.

Mais au moment où je retirai l'aiguille de la veine, je sus qu'il avait raison. Je ressentis un léger coup au cœur. Je vis les contours du visage de Pat s'assombrir, puis tout son visage, et je sentis que mes yeux se révulsaient.

Je revins à moi quelques heures plus tard. Pat était parti. J'étais allongé sur le lit, le col de ma chemise ouvert. Je me levai et tombai sur les genoux. Je me sentais nauséeux et j'avais mal à la tête. Il me manquait dix dollars dans ma poche intérieure. Je suppose qu'il s'était figuré que je n'en aurais plus besoin.

Quelques jours plus tard, je rencontrai Pat dans le même bar.

— Bon sang, dit-il, j'ai cru que t'étais en train de crever ! J'ai dégrafé le col de ta chemise et je t'ai frictionné le cou avec de la glace. T'es devenu tout bleu. Alors je me suis dit : « Bon sang, ce type est en train de crever ! Je fous le camp d'ici, moi ! »

Une semaine plus tard, j'étais accroché. Je demandai à Pat quelles étaient les possibilités de faire la fourgue à la Nouvelle-Orléans.

— La ville est bourrée d'indicateurs, dit-il. C'est vraiment très difficile.

J'étais donc repris par la came, que je me procurais par l'entremise de Pat. Je cessai de boire, de sortir la nuit et adoptai un rythme de vie routinier : une capsule trois fois par jour et entre les piqûres, s'arranger pour tuer le temps. En général, je faisais de la peinture et bricolais dans la maison. Le temps passe vite quand on travaille de ses mains. Et, naturellement, je consacrais parfois beaucoup de temps à trouver de la came.

Lorsque j'arrivai à la Nouvelle-Orléans, le principal fourgueur — « l'Homme », comme on dit là-bas — était un type surnommé Le Jaune. Il devait son surnom à son teint d'hépatique. C'était un petit homme maigre avec une jambe raide. Il opérait dans un bar près du Syndicat de la Marine et avalait une bière de temps à autre pour justifier ses nombreuses heures de présence dans l'établissement. A cette époque il était libéré sous caution et il devait prendre deux ans de prison quand il fut jugé.

Il y eut alors une période extrêmement confuse, au cours de laquelle il devint très difficile de s'approvisionner. Il m'arrivait de passer six ou huit heures au volant de ma voiture, en compagnie de Pat, à la recherche de gens qui pourraient avoir de la came. Finalement, Pat découvrit un grossiste qui vendait ses capsules un dollar cinquante, mais par vingt à la fois. Ce contact s'appelait Joe Brandon, un des seuls fourgueurs que j'aie connus à ne pas en prendre lui-même.

Pat et moi commençâmes à en revendre un petit peu, juste pour subvenir à nos propres besoins. On ne fournissait que des gens que Pat connaissait bien et dont il était sûr. Dupré était notre meilleur client. Il était croupier dans une maison de jeu et avait toujours de l'argent. Mais il était insatiable et ne put s'empêcher de piquer dans la caisse. Un jour, il perdit son boulot.

Don, un ami d'enfance de Pat, était fonctionnaire municipal. Il était inspecteur de quelque chose et était la moitié du temps absent pour cause de maladie. Il ne pouvait jamais s'acheter plus d'une capsule à la fois et presque tout l'argent qu'il avait lui venait de sa sœur. Pat me dit qu'il avait un cancer.

— Eh bien, dis-je, j'imagine qu'il ne tardera pas à mourir.

Ce qui arriva. Cloué au lit, il vomit pendant une semaine et mourut.

« Seltzer Willy » avait un camion et livrait de l'eau de Seltz. Cette besogne lui rapportait de quoi s'acheter deux capsules par jour, mais cela ne lui plaisait pas. C'était un petit rouquin, maigre, aux manières affables, le type même du gars inoffensif.

« Il est timide, disait Pat. Timide et bête. »

Il y en avait quelques autres qui se pointaient parfois pour s'envaper comme ça, à l'occasion. L'un d'eux s'appelait Whitey* — on ne put jamais m'expliquer pourquoi car il était très brun —, un idiot tout gras qui était garçon dans un grand hôtel. Il se figurait que s'il payait comptant une capsule, ça lui donnait droit à la suivante à crédit. Une fois, après que Pat l'eut rembarré, il sortit en rage en nous montrant un jeton de téléphone.

— Vous voyez ce jeton ? fit-il. Vous allez regretter de m'avoir refusé. Je vais vous coller les cognes au train.

Je dis à Pat que nous ferions mieux de ne plus vendre à Whitey.

— Oui, mais seulement, il sait où j'habite. On devrait aller s'installer ailleurs.

Un de nos clients occasionnels était Lonny Le Mac, qui avait été élevé dans le bordel que pos-

* Blanchâtre. (N.D.T.)

sédait sa mère. Il essayait d'espacer ses piqûres pour ne pas s'intoxiquer. Il se plaignait constamment de son métier ; les chambres d'hôtels lui revenaient trop cher et les flics étaient toujours sur son dos, ce qui l'obligeait à changer continuellement d'adresse.

— Tu vois ce que je veux dire, expliquait-il, pas moyen de gagner du fric.

Lonny était le maquereau-type. Maigre et nerveux, il ne tenait pas en place et n'arrêtait pas de parler en agitant ses mains fines couvertes de longs poils noirs. Il suffisait de le regarder pour savoir qu'il avait un gros pénis. Les maquereaux ont toujours un gros pénis. Il était bien habillé et possédait une Buick décapotable, mais il n'hésitait pas à nous demander un crédit pour une capsule de deux dollars.

Après s'être piqué, il rabattait la manche de sa chemise de soie à rayures, remettait son bouton de manchette et nous disait :

— Les gars, je suis un peu fauché. Ça ne vous ferait rien de mettre ça sur ma note ? Vous savez que je paye toujours mes dettes.

Pat le regardait de ses petits yeux injectés de sang. Un regard de paysan bourru.

— Pour l'amour du ciel, Lonny, nous devons payer cette camelote comptant ! Qu'est-ce que tu dirais si on venait te voir, qu'on s'enfile tes filles et qu'on te demande de mettre ça sur la note ? (Il secouait la tête.) T'es comme tous les autres. Une fois que t'es défoncé tu te fous du reste. Je te fournis un endroit tranquille où tu peux venir te piquer et qu'est-ce que je récolte ? Dès que tu as eu ce que tu voulais, tu te fous du reste.

— Ecoute, Pat, je ne veux pas t'ennuyer. Tiens, voilà un dollar, je t'apporterai le reste cet après-midi. D'accord ?

Pat empochait le billet sans rien dire. Il faisait la gueule pour montrer sa désapprobation.

Seltzer Willy venait vers dix heures, pendant

sa tournée. Il prenait une capsule aussitôt et en achetait une autre pour la soirée. Dupré arrivait vers midi après son travail (il faisait la nuit). Les autres venaient quand l'envie leur en prenait.

Joe Brandon, notre fournisseur, était en liberté sous caution. Il était inculpé par la justice de l'Etat de possession de drogue, ce qui est un crime selon les lois de la Louisiane. L'inculpation était fondée sur des traces de drogue trouvées chez lui, ce qui veut dire qu'il avait pu se débarrasser de la came avant que la police perquisitionne mais n'avait pas lavé le bocal qui la contenait. La justice fédérale ne retenant pas les « traces » comme preuves, l'Etat s'était saisi de l'affaire, ce qui est courant en Louisiane. Les affaires douteuses sont rejetées par la justice fédérale, qui les transmet à la justice de l'Etat. Brandon s'attendait à avoir un non-lieu. Il connaissait beaucoup de politiciens et de toute façon les preuves étaient discutables. Mais le procureur exhiba son casier judiciaire qui comportait une condamnation pour meurtre et finalement Brandon en prit pour deux ans à cinq ans*.

Pat trouva immédiatement un autre fournisseur et nous poursuivîmes notre petit trafic. Un fourgueur nommé Jonkers commença à vendre au coin d'Exchange et de Canal. Pat perdit quelques clients. En fait, la came de Jonkers était meilleure et il m'arrivait de lui en acheter, à lui ou à Richter, son associé, un vieux type borgne. Pat l'apprenait toujours, d'une manière ou d'une autre — il avait l'intuition d'une mère abusive — et il me faisait la gueule pendant deux ou trois jours.

Jonkers et Richter ne firent pas long feu. Le carrefour Canal-Exchange est un des endroits les

* Aux Etats-Unis, le condamné, après avoir purgé la peine minimale, peut être libéré sur parole pour bonne conduite, ou bien faire tout ou partie du temps qui reste. (N.D.T.)

plus surveillés de la Nouvelle-Orléans. Ils disparurent un jour et Pat me dit :

— Maintenant, tu vas voir, je vais récupérer certains de leurs clients. J'ai dit à Lonny : « Si tu veux te fournir chez Jonkers, vas-y. Mais ne reviens pas en croyant que je te resservirai. » Tu verras comment je vais le recevoir s'il rapplique. Même chose pour Whitey ; il a acheté à Jonkers.

Là-dessus, il me lança un regard torve.

Un jour, la patronne de l'hôtel où Pat habitait m'arrêta dans le hall.

— Je veux simplement vous prévenir de faire attention, me dit-elle. Les flics sont venus hier et ont fouillé à fond la chambre de Pat. Ils ont arrêté le garçon qui livre l'eau de Seltz. Il est en prison à l'heure qu'il est.

Je la remerciai. Pat arriva un peu plus tard. Il me raconta que les flics avaient arrêté Seltzer Willy à la porte de l'hôtel. Ils n'avaient rien trouvé sur lui, mais ils l'avaient emmené au commissariat pour le garder à vue le temps de faire leur enquête. Ils le retiendraient soixante-douze heures, ce qui est le temps maximal de la garde à vue si elle n'est pas suivie d'une inculpation.

Les flics avaient fouillé la chambre de Pat, mais comme il cachait sa provision dans le couloir, ils n'avaient rien trouvé. Ils lui avaient dit : « Quelqu'un nous a prévenus que tu tenais une véritable officine ici. Tu ferais bien de fermer boutique parce que la prochaine fois on t'aura ; penses-y. »

— Bon, dis-je, laissons tout tomber, sauf Dupré. On ne risque rien avec lui.

— Dupré s'est fait foutre à la porte, dit Pat. Il me doit déjà vingt dollars.

Nous nous retrouvâmes à la recherche quotidienne de la came. Nous apprîmes que Lonny était « l'Homme ». Ça se passait toujours ainsi à la Nouvelle-Orléans. On ne savait jamais qui serait le prochain fournisseur.

C'est alors qu'une campagne anti-drogue fut

déclenchée à la Nouvelle-Orléans. Le chef de la police déclara :

— Cette campagne durera jusqu'à ce qu'il n'y ait plus un seul contrevenant dans la ville.

Les législateurs promulguèrent une loi qui faisait de tous les drogués des criminels. Ils ne spécifièrent pas du tout ce qu'ils entendaient par « drogué ».

Les flics commencèrent à arrêter les camés dans la rue pour examiner leurs avant-bras. S'ils décelaient des marques de piqûres, ils forçaient les types à signer une déposition par laquelle ceux-ci reconnaissaient être drogués, ce qui permettait ensuite à la police de les poursuivre pour « usage de stupéfiants ». On promettait aux drogués une condamnation avec sursis à condition qu'ils plaident coupable. Tout cela pour donner un bon départ à cette nouvelle loi. Les drogués explorèrent leur corps à la recherche d'autres veines où se piquer. En effet, si la police ne trouvait pas de traces de piqûres, le type était relâché. Dans le cas contraire, il était gardé à vue pendant soixante-douze heures et on essayait par tous les moyens de lui faire signer une déposition.

Le fournisseur de Lonny disparut et un type qu'on appelait le vieux Sam devint « l'Homme ». Celui-ci avait déjà purgé douze ans à la prison d'Angola. Il opérait dans les alentours immédiats de Lee Circle, qui était aussi un quartier dangereux pour tous les trafics illicites, drogue ou autre.

Un jour que j'étais fauché, je sortis pour aller mettre un revolver en gage. Quand j'arrivai chez Pat, il était avec deux types. L'un d'eux était Red McKinney, un drogué tout ratatiné et infirme. L'autre était un jeune de la marine marchande nommé Cole. A cette époque la came n'intéressait pas Cole et c'était de l'herbe qu'il cherchait. Cole était un vrai fumeur de marijuana. Il m'expliqua qu'il ne pouvait prendre plaisir à rien sans fumer. J'ai connu des gens comme lui. Pour eux, l'herbe remplace généralement l'alcool ; ils n'en éprouvent pas un besoin physique, mais ils ne peuvent pas s'amuser sans.

J'avais par hasard plusieurs dizaines de grammes d'herbe chez moi. Cole était d'accord pour me payer quatre capsules si je lui fournissais soixante grammes d'herbe. Nous nous rendîmes chez moi. Cole goûta l'herbe et me dit qu'il la trouvait très bien. Puis nous sortîmes pour chercher un fournisseur.

Red nous dit qu'il en connaissait un dans Julia Street :

— On devrait le trouver, à cette heure-ci.

Pat était assis dans ma voiture, la tête sur le volant ; il était défoncé. Nous nous trouvions sur le bac qui nous menait d'Algiers, où j'habitais, à la Nouvelle-Orléans. Soudain Pat releva la tête et ouvrit ses yeux injectés de sang.

— Le quartier est trop dangereux, dit-il à haute voix.

— Où veux-tu en trouver ailleurs ? demanda McKinney. Le vieux Sam aussi est là-bas.

— Je vous répète que le quartier est trop dangereux, insista Pat, regardant autour de lui d'un air mécontent, comme si ce qui l'entourait le dégoûtait.

En fait, on ne pouvait se procurer de la came nulle part ailleurs. Sans dire un mot, Pat prit la direction de Lee Circle. Arrivés dans Julia Street, McKinney dit à Cole :

— Donne-moi le fric, on va le voir incessamment. Il se promène autour de ce pâté de maisons.

Cole tendit quinze dollars à McKinney. Nous fîmes lentement le tour du pâté de maisons trois fois, mais McKinney ne vit pas « l'Homme ».

— Bon, je crois qu'il va falloir essayer le vieux Sam, déclara McKinney.

Nous nous mîmes à sa recherche un peu plus haut que Lee Circle. Le vieux Sam n'était pas dans le vieil hôtel meublé qu'il habitait. Nous roulions lentement. De temps à autre Pat voyait quelqu'un de sa connaissance et arrêtait la voiture. Personne n'avait vu le vieux Sam. Des types ne voulaient même pas répondre lorsque Pat les appelait. Ils haussaient les épaules de manière déplaisante et poursuivaient leur chemin.

— Ces types ne diront rien, dit Pat. Ça leur ferait mal de rendre le moindre service.

Nous garâmes la voiture près de l'hôtel du vieux Sam et McKinney alla jusqu'au coin de la rue pour acheter un paquet de cigarettes. Il revint en claudiquant rapidement et monta dans la voiture.

— La police, dit-il ; foutons-le-camp !

Nous démarrâmes. Au même moment, une voiture de flic nous doubla. Je vis le flic au volant qui se retournait et paraissait reconnaître Pat.

— Ils nous ont repérés, dis-je. Filons !

Pat n'avait pas besoin de se le faire dire. Il accéléra à fond et prit la direction de Corondolet. Je me tournai vers Cole assis à l'arrière et lui ordonnai :

— Jette l'herbe !

— Attends une minute, dit Cole, on va peut-être les semer.

— T'es dingue !

Pat, McKinney et moi lui criâmes en chœur :

— Jette-là !

Nous nous dirigions vers le centre. Cole se débarrassa du paquet d'herbe qui atterrit sous une voiture en stationnement. Pat s'engagea dans la première rue sur notre droite, qui était à sens unique. La voiture des flics remontait vers nous en sens interdit. Un bon vieux coup de la flicaille. Nous étions cuits. J'entendis Cole gueuler :

— Bon dieu ! J'ai un autre stick sur moi !

Les flics descendirent de leur voiture prêts à

dégainer, mais finalement ils ne sortirent pas leurs pistolets. Ils se précipitèrent vers nous. L'un d'eux, le conducteur qui avait reconnu Pat, arborait un large sourire.

— Où as-tu trouvé cette voiture, Pat ? demanda-t-il.

L'autre flic ouvrit la portière arrière et lança :

— Tout le monde dehors.

McKinney et Cole étaient derrière ; ils sortirent et les flics les fouillèrent. Celui qui avait repéré Pat trouva tout de suite la cigarette d'herbe dans la poche de chemise de Cole :

— Il y a là de quoi les mettre tous en taule, dit-il.

Il avait un visage lisse et rouge et ne cessait pas de sourire. Il trouva mon revolver dans la boîte à gants.

— C'est une arme étrangère, dit-il. Est-ce qu'elle est enregistrée ?

— Je croyais qu'il ne fallait faire enregistrer que les armes entièrement automatiques.

— Non, dit-il en souriant, on doit faire enregistrer toutes les armes étrangères.

Je savais qu'il avait tort, mais ça n'aurait rien arrangé de le lui dire. Il examina mes bras.

— Tu t'es tellement piqué au même endroit que c'est sur le point de s'infecter, dit-il en montrant une cicatrice.

Le panier à salade arriva et nous montâmes tous dedans. On nous emmena au commissariat. Les flics inspectèrent les papiers de ma voiture. Ils ne voulaient pas croire qu'elle m'appartenait. On me fouilla au moins six fois. Finalement, on nous enferma à six dans une cellule faisant à peu près deux mètres cinquante de long sur deux de large. Pat se frotta les mains en souriant.

— Il va y avoir sous peu une belle brochette de drogués malades, dit-il.

Un peu plus tard, le gardien m'appela. Il me conduisit dans une petite pièce située à côté de l'entrée. Deux inspecteurs étaient assis à une table. L'un deux était grand et gros, un type du Sud avec une tête de grenouille. L'autre, d'un certain âge, était un Irlandais trapu. Il lui manquait quelques dents de devant, ce qui lui donnait l'air d'avoir un bec de lièvre. Ce type de flic pourrait aussi bien passer pour un vieux gangster à la détente chatouilleuse. Il n'avait rien d'un fonctionnaire.

C'était manifestement Face de grenouille qui conduisait l'interrogatoire. Il me dit de m'asseoir en face de lui. Il poussa devant moi un paquet de cigarettes et une boîte d'allumettes.

— Prends-en une, dit-il.

L'Irlandais était assis au bout de la table, à ma gauche. Il était assez près de moi pour pouvoir m'attraper sans se lever. Le flic qui menait l'interrogatoire examina les papiers de ma voiture. Tout ce qu'ils avaient retiré de mes poches était devant lui : un étui à lunettes, une carte d'identité, mon portefeuille, des clefs, une lettre d'un ami de New York. Tout était là, sauf mon canif que le flic de la voiture avait empoché.

Soudain, je me rappelai la lettre. L'ami de New York qui l'avait écrite était un fumeur de marijuana et en revendait à l'occasion. Il m'avait demandé le prix de l'herbe de qualité à la Nouvelle-Orléans. Je m'étais renseigné auprès de Pat qui m'avait indiqué le prix approximatif de quarante dollars la livre. Dans la lettre, mon ami me parlait de ce tarif de quarante dollars et me précisait qu'il en achèterait volontiers à ce prix.

Au début, je pensai qu'ils ignoreraient la lettre. Ils appartenaient à la brigade surveillant les vols de voitures et c'était une voiture volée qu'ils cherchaient. Ils continuaient à examiner les papiers et à me poser des questions. Comme je ne parvenais pas à me rappeler les dates précises, les choses se gâtèrent. Ils semblèrent sur le point de devenir mauvais.

Finalement, je leur dis :
— Ce n'est qu'une question de vérification. Si vous cherchez, vous verrez bien que je vous ai dit la vérité et que la voiture m'appartient bien. Si vous tenez à ce que je vous dise que je l'ai volée, moi je veux bien. Mais quand vous vérifierez, vous vous apercevrez qu'elle est à moi.
— Ne t'en fais pas, on vérifiera.
Le flic à tête de grenouille plia soigneusement les papiers de la voiture et les mit de côté. Il prit la lettre, regarda l'adresse et le cachet de la poste, puis la sortit de son enveloppe. Il la lut et la relut ensuite à haute voix, sautant les passages où il n'était pas fait allusion à l'herbe. Il reposa la lettre et me regarda.
— Tu ne fais pas que fumer, dit-il, tu en vends aussi et tu en as un paquet planqué quelque part. (Il regarda la lettre.) Quinze kilos environ. (Il me regarda.) Tu ferais mieux de te mettre à table.
Je ne dis rien.
Le vieux flic irlandais déclara :
— Il est comme tous les autres, y cause pas. Jusqu'à ce qu'on leur frotte les côtes. Alors là ils parlent et sont bien contents de pouvoir le faire.
— On va aller fouiller chez toi, dit Face de grenouille. Si on découvre quoi que ce soit, on mettra ta femme aussi en prison. Et je ne sais ce qui arrivera à tes gosses. Faudra qu'ils aillent dans une maison quelconque.
— Pourquoi tu lui fais pas une offre ? dit le vieux flic irlandais.
Je savais que s'ils perquisitionnaient chez moi, ils trouveraient le paquet d'herbe.
— Appelez les agents fédéraux et je vous montrerai où est l'herbe, dis-je, mais je veux votre parole que mon procès passera en cour fédérale et que ma femme ne sera pas inquiétée.
Face de grenouille hocha la tête :
— D'accord, j'accepte ta proposition.
Il se tourna vers son acolyte et lui dit :

— Va appeler Rogers.

Quelques minutes plus tard, le vieil Irlandais revint.

— Rogers n'est pas en ville et ne rentrera que demain matin, et Williams est malade.

— Alors, appelle Hauser.

Nous sortîmes et prîmes la voiture. Le vieux conduisait et le capitaine était assis à l'arrière avec moi.

— C'est ici, dit le capitaine.

Le vieux flic arrêta la voiture et klaxonna. Un type qui fumait la pipe sortit de la maison et s'assit sur le siège arrière. Il me regarda, puis détourna la tête en tirant sur sa pipe. Il avait l'air très jeune dans la pénombre mais quand nous passâmes sous un lampadaire je vis que son visage était ridé et qu'il avait des cernes sous les yeux. Il avait la tête typique du jeune Américain, vieilli sans avoir mûri. Ce devait être l'agent fédéral.

Après avoir fumé pendant une partie du trajet, l'agent fédéral se tourna vers moi et ôta sa pipe de sa bouche.

— Qui te fournit ? demanda-t-il.

— C'est difficile de se fournir maintenant, dis-je. La plupart des vendeurs se sont taillés.

Il me demanda qui je connaissais et je mentionnai quelques types qui s'étaient déjà fait la paire. Il parut intéressé par ces informations sans valeur. Si vous la bouclez avec les flics, ils commencent à vous tabasser. Ce qu'ils veulent, c'est quelques informations, même si ce qu'on leur donne ne vaut rien du tout.

Il me demanda si j'avais un casier judiciaire et je lui parlai de l'affaire des fausses adresses sur les ordonnances, à New York.

— Combien de temps as-tu purgé ? me demanda-t-il.

— Rien du tout. C'est un petit délit à New

York. Article 334 du code de la Santé publique, si je ne me trompe.

— Il en connaît un bout, dit le vieux flic.

Le capitaine expliqua au fédéral que je semblais craindre particulièrement la justice de l'Etat et qu'il avait conclu un marché avec moi pour que la justice fédérale s'occupe de mon affaire.

— Eh bien, dit l'agent fédéral, il est comme ça, le capitaine. Il sera régulier avec toi si tu l'es avec lui.

Il fuma pendant un moment. Nous prenions le bac pour Algiers.

— En tout, il y a la manière facile et la manière difficile, déclara-t-il pour conclure.

Quand nous arrivâmes chez moi, le capitaine me retint par la ceinture :

— Qui est là en dehors de ta femme ?

— Personne, dis-je.

A la porte, l'agent à la pipe montra son insigne à ma femme. Je leur donnai la livre d'herbe et quelques capsules de came. Cela ne satisfit pas le capitaine. Il cherchait quinze kilos d'herbe.

Il n'arrêtait pas de répéter :

— Tu ne nous as pas tout donné, Bill. Ça suffit maintenant, on a été assez poli avec toi.

Je leur dis que c'était tout ce que j'avais.

Le type à la pipe me regarda.

— On veut tout le paquet, dit-il.

Son regard ne voulait par contre pas grand-chose. Il se tenait dans la lumière. Son visage n'avait pas seulement vieilli, il s'était flétri. Il avait les yeux d'un homme atteint d'une maladie incurable.

— Vous avez tout le paquet, déclarai-je.

Il jeta vaguement un coup d'œil autour de lui et se mit à fouiller les tiroirs et les placards. Il trouva quelques vieilles lettres, qu'il lut accroupi sur le plancher. Je me demandai pourquoi il ne s'asseyait pas sur une chaise. Il était visible qu'il ne voulait pas s'installer confortablement pour lire du courrier qui ne lui était pas adressé. Les deux autres flics de la brigade des voitures volées commençaient à s'ennuyer. Finalement, ils prirent l'herbe, les capsules et le 38 spécial que je gardais chez moi et s'apprêtèrent à partir.

— A présent, il appartient à l'Oncle Sam, dit le capitaine à ma femme comme nous partions.

Nous retournâmes au commissariat et on me boucla. Cette fois, ce fut dans une autre cellule. Pat et McKinney étaient dans celle d'à côté. Pat m'appela pour me demander ce qui s'était passé.

— C'est un coup dur, déclara-t-il après que je lui eus tout raconté.

Pat avait donné à un avocat qui traînait au commissariat dix dollars pour le faire sortir de là le lendemain matin.

J'étais dans une cellule avec quatre inconnus, dont trois drogués. Il n'y avait qu'un banc qui était occupé, si bien qu'on était obligé de rester debout ou de s'allonger sur le sol. Je m'allongeai à côté d'un type qui s'appelait McCarthy. Je l'avais souvent aperçu en ville. Il était là depuis près de soixante-douze heures. De temps en temps, il geignait doucement. A un moment, il me dit :

— Est-ce que ce n'est pas l'enfer ?

Le camé vit dans le temps de la came. Quand on le prive de drogue, l'horloge tombe en panne et s'arrête. Tout ce qu'il peut faire, c'est s'accrocher et attendre que reparte le temps non-came. Un camé en état de manque ne peut échapper au temps extérieur ni faire autre chose que d'attendre.

Cole parlait de Yokohama :

— Ah, ce bon vieux mélange héroïne-cocaïne. Quand on l'injecte, on peut le sentir se répandre dans tout l'organisme.

McCarthy grogna d'une voix caverneuse :

— Ne parle pas de ça, vieux.

Le lendemain matin, on nous conduisit au service anthropométrique. Devant nous, il y avait un jeune homme atteint d'épilepsie. Les flics se moquèrent longuement de cet anormal.

— Ça fait combien de temps que t'es à la Nouvelle-Orléans ?

— Trente-cinq jours.

— Qu'est-ce que tu as fait pendant ce temps-là ?

— Trente-trois jours de taule.

Ils trouvèrent cela très drôle et en rirent pendant cinq bonnes minutes.

Quand notre tour arriva, le flic de garde lut les motifs de notre arrestation.

— Combien de fois es-tu venu ici ? demanda-t-on à Pat.

Un des flics s'esclaffa et dit :

— A peu près quarante fois.

Ils demandaient à chacun combien de fois il avait été arrêté et combien de détention il avait fait. Quand mon tour arriva, ils me demandèrent ce que j'avais écopé pour mon affaire de fausses adresses sur les ordonnances à New York. Je répondis :

— Je n'ai pas fait de prison. J'ai été condamné avec sursis.

— Eh bien, dit le flic qui maintenait l'ordre dans le rang, t'auras la même chose ici.

Soudain, j'entendis quelqu'un que je ne voyais pas se mettre à gémir et à hurler et je crus un moment que les flics s'acharnaient sur l'épileptique. Mais quand je descendis de l'estrade, je vis qu'il se roulait par terre en proie à une crise tandis que deux policiers s'affairaient autour de lui et essayaient de le calmer. Quelqu'un partit chercher un médecin.

On nous boucla dans une cellule. Un flic gras

qui semblait connaître Pat vint lui parler à la porte.

— Ce type est marteau. Maintenant, il dit : « Emmenez-moi chez mon capitaine. » Un dingue. J'ai envoyé chercher le docteur.

Deux heures après environ, on nous reconduisit au commissariat où nous attendîmes encore plusieurs heures. Vers midi, le type à la pipe et un autre homme arrivèrent et emmenèrent un certain nombre d'entre nous au bureau fédéral. Le nouveau flic était jeune et un peu gras. Il mâchonnait un cigare. Cole, McCarthy, moi-même et deux nègres, nous nous entassâmes sur la banquette arrière. Le type au cigare conduisait. Il ôta son cigare de la bouche et se tourna vers moi.

— Qu'est-ce que vous faites dans la vie, Mr. Lee ? me demanda-t-il poliment avec un ton d'homme cultivé.

— De l'agriculture, lui répondis-je, ce qui fit rire le type à la pipe.

— Du maïs avec de la marijuana entre les rangées, hein ? dit-il.

Le type au cigare secoua la tête.

— Non, dit-il, ça ne pousse pas bien avec le maïs. Ça doit pousser tout seul.

Il se tourna vers McCarthy, parlant par-dessus son épaule.

— Je vais t'envoyer au pénitencier d'Angola, dit-il.

— Pourquoi, Mr. Morton ? demanda McCarthy.

— Parce que t'es un salaud de drogué.

— Pas moi, Mr. Morton.

— Et ces marques sur tes bras ?

— J'ai la syphilis, Mr. Morton.

— Tous les drogués prétendent avoir la syphilis. (Sa voix était basse, condescendante et légèrement amusée.)

Le type à la pipe essayait sans succès de mettre en boîte l'un des Noirs, surnommé « La Griffe » à cause de sa main difforme.

— Tu dois commencer à souffrir de privation, hein, dit-il.

— Je ne vois pas de quoi vous voulez parler, dit « La Griffe ».

C'était une simple constatation. C'était dit sans insolence. « La Griffe » n'était pas vraiment camé et il le disait.

Ils arrêtèrent la voiture devant le bureau fédéral et nous firent monter au troisième étage. Là, on nous fit attendre dans une antichambre et nous fûmes appelés un par un pour l'interrogatoire. Quand mon tour arriva, je vis que l'agent au cigare était assis derrière le bureau. Il m'indiqua un siège.

— Je m'appelle Morton, dit-il. Je suis agent du Bureau des Narcotiques. Voulez-vous faire une déposition ? Comme vous le savez, la Constitution vous donne le droit de refuser. Dans ce cas, la procédure sera plus longue.

Je leur dis que j'acceptais.

Le type à la pipe était là aussi.

— Bill ne se sent pas très bien aujourd'hui, dit-il. Une petite piqûre d'héroïne l'aiderait peut-être.

— Peut-être, dis-je.

Il commença à me poser des questions dont certaines étaient tellement dénuées d'intérêt que je n'en croyais pas mes oreilles. Visiblement, il n'avait aucune intuition policière. Incapable de distinguer ce qui avait de l'importance et ce qui n'en avait pas.

— Qui sont tes contacts au Texas ?

— Je n'en ai pas — Et c'était vrai.

— Veux-tu voir ta femme en prison ?

J'essuyai avec mon mouchoir la sueur qui dégoulinait sur mon visage.

— Non, répondis-je.

— Elle va pourtant s'y retrouver. Elle prend de la benzédrine. C'est pire que la came. Etes-vous mariés légalement ?

— Concubinage légal*.

— Je t'ai demandé si toi et ta femme étiez mariés légalement.

— Non.

— As-tu fait de la psychiatrie ?

— Hein ?

— Je t'ai demandé si tu as jamais étudié la psychiatrie.

Il avait lu une lettre d'un ami psychiatre. En fait, il avait emporté toutes les vieilles lettres trouvées au cours de la perquisition chez moi.

— Non, je n'ai pas étudié la psychiatrie. On pourrait dire que c'est juste un violon d'Ingres.

— Tu as de curieux violons d'Ingres.

Morton se renversa sur son siège et bâilla.

Le type à la pipe serra le poing et se frappa la poitrine.

— Je suis flic, vois-tu, dit-il. Où que j'aille, je recherche la compagnie des flics. Ton affaire, c'est les stupéfiants. Il va sans dire que tu connais d'autres gens dans ton trafic. On ne s'occupe pas des gens de ton espèce une fois par mois. C'est tous les jours qu'on a affaire à eux. Tu n'étais pas tout seul dans cette affaire. Tu as certainement des contacts à New York, au Texas et ici, à la Nouvelle-Orléans. Tu étais sur le point de faire une affaire ou quelque chose allait aboutir.

— Je crois qu'on va laisser cet agriculteur faire pousser des choux à Angola s'il est incapable de nous tuyauter, dit Morton.

— Parle-nous de ce gang qui vole des voitures, reprit le type à la pipe en me tournant le dos pour arpenter la pièce.

— Quel gang ? demandai-je, sincèrement surpris.

Un peu plus tard, je me souvins d'une lettre

---

* Couple non marié mais dont le concubinage est reconnu par la loi. Ainsi par exemple, en cas de décès, l'héritage peut aller à l'autre membre du couple. (N.D.T.)

vieille de cinq ans où il était question de voitures volées. Il suivit cette piste pendant un long moment. Il s'épongeait le front tout en faisant les cent pas. Finalement, Morton lui coupa la parole.

— Si je ne me trompe, Mr. Lee, vous êtes prêt à admettre votre culpabilité mais vous ne voulez pas compromettre d'autres gens. Est-ce exact ?

— C'est exact, répondis-je.

Il fit passer son cigare dans l'autre coin de sa bouche.

— Bien, dit-il. Ce sera tout pour le moment. Combien en reste-t-il ? cria-t-il.

Un flic passa la tête par la porte.

— Cinq à peu près.

Morton fit une grimace exaspérée.

— Je n'ai pas le temps. Je dois être au tribunal à une heure. Amenez-les tous !

Ils entrèrent tous et se placèrent devant le bureau. Morton feuilleta une pile de papiers. Il regarda McCarthy puis se tourna vers un jeune flic aux cheveux coupés en brosse.

— Tu as quelque chose sur lui ? demanda-t-il.

Le jeune flic secoua la tête et sourit. Il leva son pied et le montra à McCarthy.

— Tu vois ce pied ? lui-dit-il. Je vais te le faire avaler jusqu'au genou.

— Je ne fricote pas avec la came, Mr. Morton, dit McCarthy, pour la bonne raison que je ne veux pas me retrouver en taule.

— Que faisais-tu au coin de la rue avec cette bande de camés ?

— Je passais seulement par là. J'étais en train de boire de la bière, Mr. Morton. Je me saoule chaque fois que j'en ai l'occasion. Regardez ! (Il sortit un paquet de cartes de son portefeuille et les montra à la ronde comme un prestidigitateur s'apprêtant à faire un tour. Personne ne le regarda.) Je travaille comme barman et voici ma carte syndicale. Pendant ce week-end, je peux travailler à l'hôtel Roosevelt parce qu'il y a un congrès là-bas. Ce serait chic si vous vouliez me laisser partir.

Il s'avança vers Morton la main tendue :

— Donnez-moi une pièce, Mr. Morton, pour l'autobus.

Morton lui fourra une pièce dans la main.

— Tire ton sale cul de ramasseur de coton d'ici, dit-il.

— On t'aura la prochaine fois, crièrent les flics en chœur, mais McCarthy était déjà dehors.

Le jeune flic aux cheveux en brosse s'esclaffa :

— Je parie qu'il est descendu par l'escalier.

Morton ramassait ses dossiers et les rangeait dans une serviette.

— Je suis désolé, dit-il, je ne peux prendre aucune autre déposition cet après-midi.

— J'appelle le panier à salade, dit le type à la pipe. On va les ramener au commissariat pour les garder au frais.

Au commissariat, Cole et moi eûmes droit à une cellule pour nous deux. Je m'allongeai sur le banc. J'avais très mal dans les poumons. La privation peut rendre malade de différentes manières. Certains souffrent surtout de vomissements et de diarrhée. Le type de l'asthmatique au thorax étroit a souvent des crises d'éternuements, le nez et les yeux qui coulent, et dans certains cas des spasmes des bronches qui lui coupent la respiration. Pour ma part, le pire est une baisse de tension qui provoque une déshydratation et une extrême fatigue. J'éprouve alors l'impression d'avoir perdu mon énergie vitale et que toutes les cellules de mon corps s'asphyxient. Etendu sur ce banc, j'eus l'impression de n'être plus peu à peu qu'un tas d'os.

On nous laissa au commissariat près de trois heures, puis on nous embarqua dans le car pour nous conduire à la prison de Parish, Dieu seul sait pourquoi. L'homme à la pipe nous y rejoignit et nous ramena au bureau fédéral.

Un fonctionnaire anonyme, d'âge moyen, me déclara être le chef du bureau de la Nouvelle-Orléans.

— Voulez-vous faire une déposition ?

— Oui, dis-je. Rédigez-la et je signerai.

Son visage n'était pas dénué d'expression ; simplement, il semblait n'avoir aucune caractéristique. Le seul détail dont je me souvienne est qu'il portait des lunettes. Il appela un sténographe et se prépara à dicter ma déposition. Il se tourna vers l'homme à la pipe qui était assis sur un bureau et lui demanda s'il voulait mentionner quelque chose de particulier.

Le type à la pipe dit :

— Non, et c'est bien le problème.

Le fonctionnaire parut penser à quelque chose.

— Attendez un peu, dit-il.

Il emmena l'homme à la pipe dans un autre bureau. Ils revinrent quelques instants plus tard et le fonctionnaire commença à dicter la déposition. Il y était dit que j'avouais être le possesseur de la marijuana et de l'héroïne trouvées dans mon appartement.

Il me demanda comment je m'étais procuré l'héroïne.

Je lui répondis que j'avais contacté un vendeur au coin de Canal et d'Exchange.

— Qu'avez-vous fait après ? demanda-t-il.

— Je suis rentré chez moi en voiture.

— Dans votre propre voiture ?

Je compris où il voulait en venir, mais je n'eus pas le courage de dire : « J'ai changé d'avis. Je ne veux pas faire de déposition. » De plus, j'avais peur de passer une autre journée au commissariat, malade. Alors je répondis :

— Oui.

Enfin, je signais une seconde déposition disant que je plaiderais coupable de ces accusations devant le tribunal fédéral. On me ramena au commissariat. Les flics m'assurèrent que je serais inculpé le lendemain matin à la première heure.

Cole me dit :

— Tu te sentiras mieux dans cinq jours. Seuls le temps ou une piqûre peuvent faire cesser le malaise.

Je le savais, bien sûr. Personne ne peut demeurer passif devant le manque de drogue à moins d'être en prison ou privé de came pour une autre cause. La raison pour laquelle il est pratiquement impossible de s'arrêter et de se désintoxiquer seul est que les maux provoqués par la privation durent de cinq à huit jours. S'ils ne duraient que douze heures, ce serait facile, ou vingt-quatre heures, ce serait possible, mais cinq à huit jours, c'est trop long.

Je m'allongeai sur l'étroit banc de bois, me tordant d'un côté et de l'autre. Mon corps était à vif, convulsé, tuméfié, et ma chair glacée par la came subissait la torture du dégel. Je me tournai sur le ventre et une de mes jambes glissa. Je me retins et le bord poli et arrondi du banc vint frotter mon entrecuisse. A ce contact, le sang afflua brusquement à mon sexe. Je vis trente-six chandelles, les muscles de mes jambes se tétanisèrent : je ressentis l'orgasme du pendu quand le cou se rompt.

Le maton ouvrit la porte de la cellule :

— Ton avocat est là, Lee, dit-il.

L'avocat me scruta un long moment avant de se présenter. Il avait été recommandé à ma femme et je ne l'avais jamais rencontré auparavant. Le gardien nous conduisit dans une grande pièce pourvue de bancs et située au-dessus des cellules.

— Vous n'avez pas l'air d'avoir très envie de parler maintenant, commença-t-il. Nous verrons les détails plus tard. Avez-vous signé quelque chose ?

Je lui parlai de la déposition.

— C'était pour avoir votre voiture, dit-il. J'ai téléphoné au procureur fédéral il y a à peine une heure pour lui demander s'il se chargeait de l'affaire. Il m'a répondu : « Il n'en est pas question. Il y a là une histoire de saisie illégale et ce bureau ne se chargera en aucun cas de l'affaire. » Je crois que je peux vous conduire à l'hôpital pour qu'on vous fasse une piqûre, ajouta-t-il après un silence ; le factionnaire actuellement à l'entrée est un de mes bons amis. Je vais aller lui parler.

Le gardien me ramena dans ma cellule. Quelques minutes plus tard, il rouvrit la porte et me dit :

— Est-ce que tu veux aller à l'hôpital, Lee ?

Deux flics me conduisirent à l'hôpital Charity. L'infirmière de la réception voulut savoir ce que j'avais.

— Cas d'urgence, dit l'un des flics. Il est tombé par la fenêtre.

Le flic s'éloigna et revint en compagnie d'un jeune médecin roux, trapu, le nez chaussé de lunettes cerclées d'or. Le médecin posa quelques questions et examina mes bras. Un autre médecin au long nez et aux bras poilus vint mettre son grain de sel.

— Après tout, docteur, dit-il à son collègue, c'est une question de morale. Cet homme aurait dû songer aux conséquences avant de s'adonner aux stupéfiants.

— Oui, c'est une question de morale, mais il y a aussi un problème physique. Cet homme est malade.

Il se tourna vers une infirmière et lui ordonna de m'injecter un demi-grain de morphine.

Alors que le panier à salade cahotait sur la route du commissariat, je sentis la morphine se répandre dans toutes mes cellules. Mon estomac se mit à crier. En état de crise aiguë, une piqûre produit tout de suite de l'effet au niveau de l'estomac. La force revint peu à peu dans mes muscles ; j'avais faim et sommeil.

Le lendemain matin vers onze heures, un type vint me voir pour que je signe la caution. Comme tous ses confrères, il avait l'air d'avoir été embaumé avec de la paraffine injectée sous la peau. Tige, mon avocat, arriva vers midi pour me sortir de là. Il s'était arrangé pour que j'entre directement en clinique pour faire une cure. Il me dit que c'était nécessaire à ma défense. Nous nous rendîmes à la clinique dans une voiture de police, accompagnés par deux agents. Tout cela faisait partie du plan tactique de mon avocat et les flics pourraient éventuellement servir de témoins.

Lorsque nous arrivâmes devant la clinique, mon avocat tira quelques billets de sa poche et se tourna vers l'un des flics :

— Joue ça pour moi sur ce cheval, veux-tu ? dit-il.

Les yeux de grenouille du flic lui sortirent de la tête d'indignation. Il ne fit pas un geste pour prendre l'argent.

— Je ne jouerai aucun pognon sur quelque cheval que ce soit, déclara-t-il.

L'avocat sourit et, laissant tomber l'argent sur le siège, il dit :

— Alors, Mack le fera.

Cette façon de payer les flics sans aucune discrétion, en ma présence, était délibérée. Lorsque plus tard ils lui demandèrent ce qui lui avait pris de faire ça devant moi, il dit :

— Voyons, ce garçon était dans un tel état qu'il n'a rien pu voir.

Ainsi, si les flics étaient convoqués à la barre des témoins, ils confirmeraient que j'étais dans un triste état. L'idée de l'avocat était de trouver des gens susceptibles de témoigner que j'étais très malade quand on m'avait fait signer ma déposition.

Un employé prit mes vêtements et je m'allongeai sur mon lit en attendant la piqûre. Ma femme vint me voir et m'apprit qu'on ne semblait pas connaître les problèmes de la drogue et des drogués à la clinique.

— Quand je leur ai dit que tu étais malade, ils m'ont demandé : « Qu'est-ce qu'il a ? » Je leur ai expliqué que tu étais intoxiqué et que tu avais besoin d'une dose de morphine. Ils m'ont répondu : « Oh, on croyait qu'il était simplement question de déshabituer votre mari de la marijuana. »

— Accroché à la marijuana ! m'exclamai-je. Qu'est-ce que c'est que cette connerie ? Essaie de savoir ce qu'ils vont me donner. J'ai besoin d'un traitement progressif. S'ils ne sont pas d'accord, fais-moi sortir de là immédiatement.

Elle revint peu de temps après et me dit qu'elle avait pu joindre par téléphone un médecin qui paraissait connaître la musique. C'était le docteur de mon avocat, mais il ne faisait pas partie du personnel de la clinique.

— Il a eu l'air étonné quand je lui ai dit qu'on ne t'avait rien administré. Il m'a promis d'appeler la clinique pour s'assurer qu'on s'occupe bien de toi.

Quelques minutes plus tard une infirmière entra, une seringue à la main. C'était du démérol. Le démérol soulage un peu, mais ce n'est pas, et de très loin, aussi efficace que la codéïne pour aider à supporter le sevrage. Un médecin vint m'examiner dans la soirée. Par suite de la déshydratation, mon sang s'était épaissi. Au cours des quarante-huit heures où j'avais été privé de drogue, j'avais perdu quatre kilos et demi. Il fallut vingt minutes au médecin pour me tirer l'éprouvette de sang nécessaire aux analyses. Le sang épaissi formait des caillots qui bouchaient les aiguilles.

A neuf heures du soir, on me fit une autre

piqûre de démérol. Elle ne me fit aucun effet. Le troisième jour du sevrage et la nuit qui suit sont les plus pénibles. Ensuite, la douleur commence à s'atténuer. Je sentais une brûlure sur toute la surface de mon corps, comme si ma peau n'était qu'une ruche. J'avais l'impression que des fourmis se baladaient sous ma peau.

Il est possible de se détacher de la plupart des douleurs — la difficulté étant plus grande dans le cas de maux de dents, d'yeux ou des parties sexuelles — en ressentant la souffrance comme une sorte d'excitation neutre. Mais quand on souffre du manque de came, il semble n'y avoir plus d'issue. Les douleurs causées par la privation sont l'inverse du plaisir qu'on tire de la came. Le fait qu'on en ait besoin *est* le plaisir en soi. Les camés vivent à l'heure de la came et avec un métabolisme régi par elle. Ils vivent dans le climat de la came, qui peut, suivant les cas, les réchauffer ou les glacer. Le plaisir qu'on tire de la came est de vivre sous sa loi. On ne peut échapper aux douleurs du sevrage, pas plus qu'on ne peut échapper au plaisir qui suit une piqûre.

J'étais trop faible pour pouvoir me lever. Je ne pouvais pas non plus rester allongé. Pendant le sevrage, tout paraît intolérable, que ce soit l'action ou l'inaction. Un type peut mourir simplement parce qu'il ne supporte plus de rester dans sa peau.

A six heures du matin, on me fit une nouvelle piqûre qui sembla faire un peu plus d'effet. Comme je l'appris plus tard, ce n'était pas du démérol. Je fus même capable de manger un petit toast et de boire du café.

Quand ma femme vint me voir dans la journée, elle m'apprit qu'on expérimentait sur moi un nouveau traitement. Il avait débuté avec la piqûre du matin.

— J'ai senti une différence. J'ai même cru que c'était de la morphine.

— J'ai eu le docteur Moore au téléphone. Il m'a dit que c'est le médicament-miracle qu'on cherchait depuis longtemps pour traiter les intoxications. Il atténue les symptômes de sevrage sans provoquer de nouvelle accoutumance. Ce n'est pas un stupéfiant. Il fait partie de la famille des antihistaminiques. Je crois qu'il a parlé de théophorine.

— On penserait donc que les symptômes du sevrage sont une réaction allergique.

— C'est ce que dit le docteur Moore.

Le médecin qui avait conseillé ce traitement était le médecin de mon avocat. Il n'était pas attaché à la clinique, ni psychiatre. Au bout de deux jours, je parvins à manger un repas complet. L'effet de l'antihistaminique durait de trois à cinq heures, puis je me sentais de nouveau mal. Les piqûres me faisaient le même effet que la came.

Lorsque je fus capable de me lever, un psychiatre vint m'interroger. Il était très grand, avec de longues jambes surmontées par un corps lourd en forme de poire. Il souriait en parlant d'une voix geignarde. Il n'était pas efféminé, mais il lui manquait tout ce qui fait qu'un homme est un homme. Tel était le docteur Fredericks, psychiatre-en-chef de la clinique.

Il me posa la question qu'ils posent tous :

— Pourquoi croyez-vous avoir besoin de stupéfiants, Mr. Lee ?

Quand on entend cette question, on peut être certain que le type qui vous la pose ne connaît rien à la came.

— J'en ai besoin pour me lever le matin, pour me raser et pour prendre mon petit déjeuner.

— Je l'entendais du point de vue psychique.

Je haussai les épaules. Il valait mieux lui donner l'occasion de faire son diagnostic et puis qu'il se taille.

— C'est un truc super.

La came n'est pas un « truc super ». L'intérêt

de la came pour un drogué, c'est qu'elle crée une accoutumance. Personne ne sait ce qu'est la came tant qu'il n'a pas souffert d'en manquer.

Le psychiatre hocha la tête. *Personnalité psychopathologique.* Il se leva. Son visage devint subitement souriant et compréhensif pour prévenir mes réticences. Puis son sourire se transforma en une œillade de démence. Il se pencha et approcha son visage du mien.

— Votre vie sexuelle est-elle satisfaisante ? demanda-t-il. Avez-vous des rapports agréables avec votre femme.

— Oh oui, dis-je, quand je ne suis pas camé.

Il se redressa. Il n'appréciait pas du tout ma réponse.

— Je reviendrai vous voir, déclara-t-il, en rougissant violemment.

Il se dirigea d'un air embarrassé vers la porte. J'avais compris qu'il était un truqueur dès qu'il était entré dans ma chambre. De toute évidence, il essayait de jouer l'assurance autant pour lui-même que pour les autres. Mais je n'avais pas prévu qu'il se dégonflerait aussi rapidement.

Le psychiatre dit à ma femme que mon cas était très grave. Mon attitude à l'égard de la came était du genre : « Et puis après ? » Une rechute était à prévoir parce que les motivations psychiques liées à mon état demeuraient inchangées. Il ne pourrait rien pour moi si je ne décidais pas de coopérer. Dans le cas contraire, il se faisait fort de démonter ma psyché et de la remonter comme il faut en huit jours.

Les autres malades n'étaient qu'un sinistre troupeau. Il n'y avait pas un seul camé en dehors de moi. Le seul pensionnaire à savoir de quoi il retournait était un ivrogne qui était arrivé avec la mâchoire fracturée et d'autres blessures à la face. Il me raconta que tous les hôpitaux publics l'avaient renvoyé et qu'à Charity on lui avait dit : « Fichez le camp, vous mettez du sang partout. » Alors il était venu dans cette clinique où il avait déjà fait un séjour et où l'on savait qu'il pouvait payer.

Les autres étaient une bande de tartes sans intérêt — le genre de malades que les psychiatres aiment ; le genre que le docteur Fredericks pouvait impressionner. Il y avait un petit maigre si pâle qu'on aurait dit qu'il n'avait pas assez de sang : il était presque transparent. Il ressemblait à un lézard frileux et anémié. Il souffrait de troubles nerveux et passait la majeure partie de la journée à traîner dans les couloirs en gémissant : « Mon Dieu, mon Dieu, je ne me sens même pas humain ! » Il n'arrivait pas à concentrer assez d'énergie pour faire bloc et son organisme semblait toujours sur le point de se décomposer en morceaux.

La plupart des malades étaient vieux. Ils vous regardaient avec l'air à la fois étonné, rancunier et stupide d'une vache moribonde. Quelques-uns ne quittaient jamais leur chambre. Il y avait aussi un jeune schizophrène qui avait les mains liées afin qu'il ne puisse pas s'attaquer aux autres malades. Bref, un lieu et des gens déprimants.

L'effet des piqûres s'atténuait de plus en plus et au bout de huit jours, je commençai à les espacer. Après n'avoir rien pris pendant vingt-quatre heures, je décidai qu'il était temps de partir.

Ma femme alla voir le docteur Fredericks qu'elle rencontra dans le couloir devant son bureau. Il lui dit que je devais rester quatre ou cinq jours de plus.

— Il n'en sait encore rien, lui dit-il, mais il n'aura plus de piqûre à partir d'aujourd'hui.

— Il s'est déjà passé de vos piqûres depuis vingt-quatre heures, lui répondit ma femme.

Le médecin rougit violemment. Quand il eut retrouvé l'usage de la parole, il déclara :

— De toute façon, les symptômes du sevrage peuvent revenir.

— Ce n'est guère probable après dix jours, n'est-ce pas ?

— Ça se pourrait quand même, dit le médecin qui partit avant qu'elle puisse répliquer.

— Qu'il aille au diable ! lui dis-je. Nous n'avons pas besoin de son témoignage. Tige veut utiliser les services de son propre médecin pour témoigner de mon état. On ne peut pas prévoir ce que ce connard serait capable de raconter à la barre.

Le docteur Fredericks devait viser mon bulletin de sortie. Il resta dans son bureau et une infirmière lui apporta le certificat pour qu'il le signe. Evidemment, il inscrivit dessus la mention : « Malgré l'avis du médecin traitant ».

Il était cinq heures lorsque nous sortîmes de la clinique et nous prîmes un taxi jusqu'à Canal Street. J'entrai dans un bar et je bus quatre whisky-sodas. Je parvins à me saouler. J'étais guéri.

En franchissant le pas de ma porte, j'eus l'impression de revenir après une longue absence. Je me retrouvais au même point que lorsque j'avais repiqué au truc avec Pat, une année plus tôt.

Quand on sort d'une cure de désintoxication, on se sent généralement en forme pendant quelques jours. On arrive à boire de l'alcool, à avoir faim et à manger avec plaisir, et l'appétit sexuel revient. Tout paraît différent, plus net. Ensuite vient une période creuse. Alors tout exige un effort, s'habiller, se lever d'une chaise, ramasser une fourchette. On n'a envie de rien, pas même de bouger. On n'a même pas envie de came. Le besoin en a disparu, mais rien ne le remplace. Il faut attendre que cette période se termine, ou la forcer à prendre fin. Le travail des champs est la meilleure thérapeutique.

Pat se pointa dès qu'il sut que j'étais de retour. Est-ce que je voulais « y repiquer ? » Une seule fois ne prêtait pas à conséquence. Il pouvait se procurer dix capsules ou davantage à un bon prix. Je refusai. On n'a pas besoin de volonté pour dire non à la drogue une fois que l'on s'est arrêté. On n'en a plus envie.

D'ailleurs, j'étais sous inculpation et les condamnations pour usage de stupéfiants se cumulent comme n'importe quel autre délit. Deux arrestations pour ce motif peuvent coûter sept ans, ou bien on peut être condamné par l'Etat pour la première et par le tribunal fédéral pour la seconde, si bien qu'en sortant de la prison de l'Etat, les agents fédéraux vous attendent à la porte. Si, au contraire, vous purgez votre première peine dans une prison fédérale, c'est la police de l'Etat qui vous cueille à la sortie.

Je savais que les flics chercheraient à me coincer une seconde fois, car ils avaient tout foutu par terre en se présentant comme des agents fédéraux et en perquisitionnant chez moi sans mandat. J'avais les mains libres pour préparer ma version de l'affaire puisqu'il n'existait pas de déposition signée de ma main. En effet, la police d'Etat ne pouvait pas produire la déposition que j'avais signée pour les Fédéraux sans dévoiler le marché que j'avais conclu avec le gros capitaine, cet artiste du fair-play. Mais s'ils pouvaient me coller une autre inculpation, ils auraient une affaire en or.

Généralement, un camé fonce tout droit chez un fourgueur dès qu'il est relâché. Les flics s'attendaient donc à ce que je le fasse et ils devaient surveiller Pat. Je dis à celui-ci que je n'y retoucherais pas jusqu'à ce que mon affaire soit arrangée. Il m'emprunta deux dollars et fila.

Quelques jours plus tard, j'allai faire un tour dans les bars situés autour de Canal Street. Quand un camé désintoxiqué atteint un certain point d'ivresse, ses pensées se tournent vers la came. J'allai aux toilettes dans l'un de ces bars et je trouvai un portefeuille sur le distributeur de papier hygiénique. On éprouve le sentiment de rêver quand on trouve de l'argent. J'ouvris le portefeuille et en retirai une coupure de vingt dollars, une de dix et une de cinq. Je décidai de me servir des toilettes d'un autre bar et sortis en laissant un verre de dry-martini plein. J'allai chez Pat.

Celui-ci m'ouvrit la porte :

— Salut vieux, je suis content de te voir !

Il y avait un homme assis sur le lit qui se tourna vers moi.

— Salut, Bill, dit-il.

Il me fallut trois bonnes secondes pour reconnaître Dupré. Il paraissait à la fois plus jeune et plus vieux. Ses yeux avaient perdu leur fixité et il avait maigri de dix kilos. Ses traits, qui se crispaient régulièrement comme de la matière inerte prenant vie, conservaient encore quelque chose de mécanique. Quand il arrivait à se procurer toute la came qu'il voulait, Dupré paraissait anonyme et sans vie, si bien qu'il était impossible de le distinguer dans une foule ou de le reconnaître de loin. A présent, son image était claire et nette. Même en le croisant rapidement dans une rue animée, son visage se serait gravé dans votre mémoire — comme dans ce tour où l'illusionniste bat les cartes très vite et dit : « Prenez une carte, n'importe laquelle », tout en vous en fourrant une bien déterminée dans la main.

Quand Dupré avait toute la came qu'il voulait, il était taciturne. A présent, il était intarissable. Il me raconta qu'il avait tellement piqué dans la caisse qu'il avait perdu son emploi. Maintenant il n'avait plus d'argent pour la came. Il n'avait même pas de quoi se payer de l'élixir parégorique et des comprimés de nembutal pour faire passer. Il n'arrêtait pas de parler :

— Il fut un temps avant la guerre où tous les flics me connaissaient. J'en ai passé des soixante-douze heures au commissariat du 3e district. C'était encore le 1er district, en ce temps-là. Tu sais comment c'est quand on commence à être sevré. (Il désigna son sexe de la main, tous les doigts pointés, puis la retourna, paume en l'air. Un geste concret, comme s'il avait saisi ce dont il voulait parler et le tenait dans la paume pour vous le montrer.) On bande et on éjacule dans son pantalon. Même pas besoin de bander. Je me rappelle une fois où j'étais au trou avec Larry. Tu connais ce môme, Larry. Il a été revendeur quelque temps. Je lui ai dit : « Larry, il faut que tu le fasses pour moi. » Alors il a baissé son pantalon. Tu sais, il fallait absolument qu'il me rende ce service.

Pat cherchait une veine. Il fit une moue de désapprobation.

— Vous parlez comme des dégénérés.

— Qu'est-ce que tu as, Pat ? lui dis-je. Tu n'arrives pas à la trouver ?

— Non.

Il descendit le garrot sur son poignet pour se piquer dans une veine de la main.

Un peu plus tard, je passai voir mon avocat pour l'entretenir de mon affaire et lui demander si je pouvais quitter l'Etat pour me rendre au Texas, où je possédais une ferme dans la vallée du Rio Grande.

— Vous êtes aussi surveillé qu'un pyromane dans cette ville, me dit Tige. Je vous ai obtenu du juge le droit de sortir des limites de l'Etat. Alors vous pouvez aller au Texas quand vous voudrez.

— J'aurai peut-être envie de descendre au Mexique, lui dis-je. Est-ce que ce serait possible ?

— Si vous êtes de retour lorsque votre affaire sera jugée, vous pouvez faire tout ce que vous voulez en attendant. Un de mes clients est parti pour le Vénézuela. A ma connaissance, il y est toujours. Il n'est pas revenu.

Tige était un homme difficile à comprendre. Me conseillait-il de ne pas revenir ? Souvent, quand il avait l'air benêt ou indécis, c'était qu'il avait un plan. Certains d'entre eux visaient très loin. Très souvent il avait une idée, comprenait qu'elle ne menait à rien et la laissait tomber. Pour un homme aussi intelligent, il avait quelquefois des idées incroyablement stupides. Ainsi quand je lui dis que j'avais étudié la médecine (pendant six mois) à Vienne, il s'écria :

— Formidable. Supposez qu'on leur dise ceci : qu'ayant étudié la médecine vous étiez persuadé qu'avec vos connaissances médicales, vous pouviez faire tout seul une cure de désintoxication et que c'était en vue de cette cure que vous aviez acheté les drogues qu'on a trouvées chez vous.

Je trouvai cela un peu dur à avaler.

— Ça ne paye pas d'avoir l'air trop cultivé. Les jurés n'aiment pas les gens qui vont faire leurs études en Europe.

— Eh bien, vous pourriez facilement desserrer votre cravate et prendre un accent du Sud.

Je m'imaginais au tribunal, jouant au brave gars avec un faux accent du Sud. Il y avait vingt ans que j'avais renoncé à avoir la gueule de tout le monde. Je lui dis que ce genre de comédie n'était pas du tout dans mes cordes et il n'en reparla jamais plus.

Le droit pénal est une des rares professions où le client achète la chance de quelqu'un d'autre. La chance de la plupart des gens est strictement intransmissible. Mais un bon avocat peut vendre toute sa chance à un client, et plus il en vend, plus il en a à vendre.

Je quittai la Nouvelle-Orléans quelques jours plus tard et partis pour la vallée du Rio Grande. Le Rio Grande se jette dans le golfe du Mexique à Brownsville. Cent kilomètres en amont de Brownsville se trouve la ville de Mission. La vallée s'étend de Brownsville à Mission sur cent kilomètres de long et trente de large. La plaine est irriguée par les eaux du Rio Grande. Avant l'irrigation, rien n'y poussait en dehors du bouteloue et des cactus. Actuellement, c'est une des régions agricoles les plus fertiles des Etats-Unis.

Une route à trois voies file de Brownsville à Mission et les villes de la vallée sont échelonnées le long de cette route. Elles ne sont pas séparées les unes des autres et la région n'est qu'un vaste faubourg de maisons peu solides. La vallée est plate comme une table. Rien n'y pousse naturellement, sauf les céréales, les citronniers et les palmiers qu'on a fait venir de Californie. Un vent sec et brûlant se lève chaque après-midi et souffle jusqu'au coucher du soleil. La vallée n'est qu'un vaste champ d'agrumes. Il y pousse des pamplemousses roses et rouges qu'on ne trouve nulle part ailleurs. Ce pays a été fait à coups de promotions immobilières ; c'est un pays de touristes parqués et de vieilles gens qui attendent doucement de mourir. La vallée dans son ensemble présente l'aspect transitoire d'un camp ou d'une fête foraine. Les corniauds qui ont marché ne tarderont pas à crever et les bonimenteurs iront vendre leurs salades ailleurs.

Dans les années vingt, les agents immobiliers amenèrent par trains entiers des acheteurs possibles dans la vallée, les laissèrent cueillir les pamplemousses à même les arbres et les manger. Un de ces promoteurs pionniers aurait fait creuser un grand lac artificiel et aurait vendu par portions le terrain qui l'entourait. « Le lac sous-irriguera vos plantations. » Dès qu'il eut signé la vente de la dernière portion, il coupa l'eau et disparut avec son lac, abandonnant les acheteurs en plein dans un désert.

A en croire l'agent immobilier, l'agrume est la combine idéale pour les vieux couples qui veulent prendre leur retraite et se la couler douce. Le cultivateur n'a rien à faire. Une compagnie s'occupe des plantations, commercialise les fruits et le propriétaire n'a qu'à tendre la main pour recevoir un chèque. En réalité, c'est une affaire risquée pour le petit épargnant. Au bout de quelques années, le rendement moyen est élevé, spécialement avec les fruits roses et rouge rubis. Mais le petit exploitant doit supporter les années où les prix sont bas, ou la production fruitière réduite.

Une prémonition funeste pèse sur la vallée. Il faut que vous vous dépêchiez avant que quelque malheur arrive, avant que le thrips dévaste les agrumes, avant que les tarifs préférentiels soient supprimés, avant l'inondation, l'ouragan, la gelée, la canicule où il n'y a plus une goutte d'eau pour irriguer, avant que les patrouilles douanières repoussent vos saisonniers. La menace du désastre est constamment présente, persistante et tourmentante comme le vent d'après-midi. La vallée était le désert, et elle retournera au désert. En attendant, vous essayez de vous faire le magot tant qu'il est encore temps.

Les vieux agents immobiliers vous disent : « Oh ! mais c'est pas nouveau. Je connais toute l'histoire. Je me rappelle, déjà en 28... »

Mais un facteur nouveau, quelque chose que personne n'avait jamais vu auparavant, transforme l'aspect familier de désastre, comme les symptômes lents d'une maladie, et personne ne peut dire au juste quand cela a commencé.

La mort est l'absence de la vie. Partout où la vie se retire, mort et pourriture prennent la place. Quel que soit l'élément indispensable à chacun — orgones, force vitale —, il n'y en a pas lourd dans la vallée. Vos aliments pourrissent avant d'arriver chez vous. Le lait surit à peine débouché. La vallée est le lieu où la nouvelle force anti-vie éclate.

La mort pèse ici comme un brouillard invisible. Cet endroit exerce un curieux magnétisme sur les moribonds. La cellule qui se meurt gravite vers la vallée.

Ainsi Gary West : il était venu de Minneapolis. Il avait économisé vingt mille dollars avec une ferme laitière pendant la guerre. Avec cet argent, il s'acheta une maison et une plantation dans la vallée, tout au bout de Mission, là où l'irrigation s'arrête et où commence le désert. Deux hectares de rouge rubis et une maison de style espagnol des années vingt. C'est là qu'il s'installa avec sa mère, sa femme et leurs deux enfants. Dans ses yeux, on lisait la stupéfaction, l'effroi et la rancœur de l'homme qui sent dans ses cellules les contorsions d'un processus fatal de maladie. Il n'était pas malade, à l'époque, mais ses cellules cherchaient la mort et West le savait. Il voulait tout revendre et quitter la vallée.

« Je me sens enfermé, ici. Il faut aller très, très loin pour oublier la vallée », disait-il.

Il se mit à courir d'un projet à un autre : une plantation dans le Mississippi, une plantation de légumes au Mexique. Il repartit dans le Minnesota et acheta des actions dans une entreprise de fourrage avec ce que lui rapporta la vente de sa propriété de la vallée. Mais il ne parvint pas à se tenir éloigné de celle-là. Il tournait comme un poisson pris à l'hameçon, jusqu'à ce que le poids de ses cellules à l'agonie l'épuise, et que la vallée l'avale d'un coup. Il tenta plusieurs maladies. Une infection de la gorge finit par aboutir au cœur. Il gisait à l'hôpital McAllen et voulait se voir comme un homme d'affaires impatient d'être à nouveau sur pied. Mais ses projets étaient de plus en plus ridicules.

« Ce type est dingue, disait Roy, un agent immobilier. Il ne sait pas ce qu'il veut. »

Mais la vallée était bien réelle pour West, à présent. Il ne pouvait aller nulle part ailleurs. Les autres lieux étaient devenus imaginaires. A l'écouter parler, on éprouvait l'inquiétante sensation qu'une ville comme Milwaukee n'existait pas vraiment. West se remit et partit inspecter un élevage de moutons à quinze dollars l'acre, dans l'Arkansas. Puis il revint dans la vallée et entreprit de faire construire une maison à crédit. Quelque chose se détraqua dans ses reins et son corps se gonfla d'urine. On sentait l'urine dans son haleine et à travers sa peau. « Empoisonnement urémique », s'écria le docteur tandis que l'odeur d'urine emplissait la pièce. West fut pris de convulsions et mourut. Il a laissé à sa femme un nœud gordien de factures entre Milwaukee et la vallée, qu'elle mettra dix ans à démêler.

Tous les pires aspects de l'Amérique ont fondu sur la vallée et s'y sont cristallisés. On n'y trouve pas un seul bon restaurant dans toute la région. Ce qu'on y mange ne peut être toléré que si on n'y goûte pas. Dans la vallée, les restaurants ne sont pas tenus par des gens qui *sont* des cuisiniers et des restaurateurs. Ils sont créés par quelqu'un qui décrète que « les gens mangent toujours » et qu'un restaurant est une « bonne affaire ». L'établissement aura une façade en verre, pour qu'on puisse voir l'intérieur, et une décoration chromée. La cuisine est de la mauvaise cuisine américaine. Alors on voit le patron assis dans son restaurant et regardant ses clients avec une expression ahurie et hostile. D'ailleurs, il n'avait pas tellement envie de tenir un restaurant et il ne gagne même pas beaucoup d'argent.

Beaucoup de gens ont gagné un argent facile et rapide au cours de la guerre et dans les quelques années qui ont suivi. N'importe quelle affaire était bonne, tout comme n'importe quelle action est bonne dans un marché en hausse. Les gens s'imaginaient qu'ils savaient y faire, alors qu'en réalité, ils n'avaient fait que bénéficier d'une période faste. Aujourd'hui, la vallée est en perte de vitesse et seuls les gros entrepreneurs tiendront le coup. Les lois économiques y fonctionnent comme une formule algébrique du niveau du lycée, puisqu'il n'y a aucun élément humain pour s'interposer. Les très riches accroissent encore leur fortune tandis que tous les autres vont à la ruine. Les gros actionnaires ne font pas preuve de clairvoyance, d'âpreté impitoyable ou d'esprit d'entreprise. Ils n'ont même pas à dire ou à penser quoi que ce soit. Tout ce qu'ils doivent faire, c'est de rester assis et de recevoir la pluie de billets de banque. Il faut se mettre du côté des gros actionnaires ou bien lâcher la main et accepter le premier boulot qu'ils vous offrent. La petite bourgeoisie se fait pressurer, et seul un sur mille arrive au sommet. Les gros actionnaires constituent le casino, et les petits fermiers sont les joueurs. Le joueur se retrouve fauché s'il n'arrête pas de jouer, mais le fermier doit jouer au risque de devoir passer la main à l'Etat. Les gros actionnaires possèdent toutes les banques de la vallée et quand le fermier n'a plus un sou, la banque met la main sur sa ferme. Les gros actionnaires ne tarderont pas à posséder toute la vallée.

Cette dernière ressemble à un jeu de dés où des joueurs honnêtes n'ont pas assez de force pour influencer les dés et, donc, gagnent ou perdent par pur hasard. On n'entend jamais personne dire : « Il fallait que ça se produise », ou alors quand on le dit, c'est pour parler d'un décès. Un événement qui « devait se produire » peut être bon ou mauvais mais en tout cas, il est là, et il n'y a pas à le regretter ou en faire tout un plat. Tout ce qui se produit dans la vallée, sauf la mort, arrivant par hasard, les habitants ne cessent de revenir sur le passé, comme le parieur à deux dollars dans le train qui le ramène du champ de courses : « J'aurais dû m'accrocher à ces quarante hectares du palier inférieur ; j'aurais dû les prendre, ces concessions pétrolières ; c'est du coton que j'aurais dû planter à la place de tomates. » Des plaintes nasales montent de la vallée, un long marmonnement de regret banal et de désespoir ordinaire.

En arrivant dans la vallée, j'étais encore dans la mauvaise passe qui suit une cure. Je n'avais ni appétit, ni énergie. La seule chose dont j'avais envie était de dormir et je le faisais de douze à quatorze heures par nuit. De temps à autre, j'achetais deux onces d'élixir parégorique, les avalais avec deux comprimés de nembutal et me sentais normal pendant quelques heures. Il faut montrer ses papiers quand on achète de l'élixir parégorique et je ne voulais pas me faire repérer par tous les pharmaciens. On ne peut pas en acheter trop souvent, si l'on veut éviter que les pharmaciens aient des soupçons, car alors ils vous le refusent ou bien le vendent très cher.

Je m'étais associé à un ami du nom de Evans pour acheter du matériel, engager un fermier et cultiver le coton. Nous en avions soixante hectares. La bonne terre à coton donne une balle par acre*, et les tarifs préférentiels du gouvernement nous garantissaient cent cinquante dollars par balle. Nous approchions donc d'un revenu net de 22 000 dollars. Le fermier faisait tout le travail proprement dit. Evans et moi faisions un tour en voiture tous les trois ou quatre jours pour voir quelle allure avait notre coton. Il nous fallait une heure environ pour voir tout le coton car les

* Une balle peut faire de 160 à 500 livres ; une acre équivaut à 0,4 hectare. (N.D.T.)

champs s'étendaient d'Edingburg jusqu'au palier inférieur, presque sur la rivière. Il était d'ailleurs absolument inutile que nous inspections le coton car ni l'un ni l'autre n'y entendait rien. Nous nous contentions de tourner en bagnole pour passer le temps jusqu'à cinq heures de l'après-midi, où nous commencions à boire.

Il y avait cinq ou six habitués qui s'assemblaient chaque après-midi chez Evans. A cinq heures exactement, l'un d'entre nous tapait sur une casserole en gueulant : « C'est l'heure de la cuite ! », tandis que tous les autres bondissaient comme des boxeurs qui sautent sur leurs pieds au coup de cloche. Nous fabriquions notre propre gin à partir d'alcool mexicain, par mesure d'économie. Le martini mélangé à ce gin avait un goût atroce, et il fallait faire déborder le cocktail de glaçons pour que la mixture ne soit pas chaude avant qu'on ait pu l'avaler. Je n'ai jamais pu boire des martinis, même bons, par temps chaud ; aussi moi, je me préparais un cocktail avec du sucre, du citron vert, de l'eau de Seltz et une petite pincée de quinine pour approcher du vrai gin tonic. Personne n'a jamais entendu parler du quinquina, dans la vallée.

Tout cet été-là fut parfait comme temps pour le coton. Chaud et sec, jour après jour. Nous nous mîmes à la récolte après le 4 juillet et tout notre coton était en balles avant le délai du 1er septembre. Notre marge de profit fut infime. Le coût élevé de la culture et du niveau de vie — je crois qu'il m'en coûtait dans les sept cents dollars par mois pour vivre dans cette vallée sans femme de ménage et sans voiture — raflèrent presque entièrement les bénéfices. Je décidai qu'il était temps de se tirer de la vallée.

Au début du mois d'octobre, je reçus une lettre de la compagnie qui avait payé ma caution m'avisant que mon affaire serait jugée quatre jours plus tard. J'appelai Tige qui me dit :

— N'y faites pas attention. J'obtiendrai qu'elle soit reportée.

Quelques jours plus tard, Tige m'écrivit pour m'informer qu'il avait obtenu trois semaines de délai, mais qu'il doutait de pouvoir faire remettre le procès une autre fois.

Je lui téléphonai pour lui dire que j'allais faire un voyage au Mexique. Il me répondit :

— Très bien. Amusez-vous autant que vous le pourrez pendant ces trois semaines et soyez de retour pour le procès.

Je lui demandai quelles étaient les chances d'obtenir un autre délai.

— Franchement, pas très bonnes, me dit-il. Je n'arrive à rien avec ce juge. Son ulcère ne lui laisse aucun répit.

Je décidai de prendre les dispositions nécessaires pour rester au Mexique lorsque j'y serais.

Dès que j'arrivai à Mexico, je me mis en quête de came. Du moins, j'avais toujours un œil aux aguets. Ainsi que je l'ai déjà dit, je repère toujours les coins où il y en a. Le premier soir, je descendis Dolores Street et aperçus un groupe de camés chinois devant un de leurs restaurants. Les Chinois sont méfiants et ne font le trafic qu'entre eux. Je me dis que ce serait une perte de temps que de tenter le coup avec ces zigotos.

Un jour que je marchais dans San Juan Létran, je passai devant une cafeteria dont la façade en stuc était ornée de carreaux de couleur ; à l'intérieur le sol était recouvert des mêmes carreaux. L'établissement avait indiscutablement un air proche-oriental. Comme je passais devant, un homme en sortit. C'était le genre de type qu'on ne voit que dans l'entourage des camés.

De même que le géologue à la recherche de pétrole est guidé par certains affleurements de roches, certains signes indiquent la proximité de la came. On en trouve le plus souvent dans le voisinage des quartiers interlopes : 14e Rue Est près de la 3e Avenue à New York ; Poydras et Saint-Charles à la Nouvelle-Orléans ; San Juan Létran à Mexico. Magasins de bras et de jambes artificiels, perruquiers, ateliers de prothèses dentaires, fabricants en chambre de parfumerie, de pommades, de nouveautés, d'huiles essentielles. Là où des entreprises aux affaires douteuses jouxtent les quartiers mal famés.

Il existe un personnage caractéristique que l'on rencontre parfois dans ces parages et qui a des liens avec le monde de la came, tout en n'étant ni usager ni revendeur. Mais quand on l'aperçoit, la baguette du sourcier s'agite : la came est très proche. Il est originaire du Proche-Orient, souvent Egyptien ; il a le nez large et droit, les lèvres minces et d'un bleu violacé comme la peau d'un pénis, et la peau du visage lisse et tendue. Il est foncièrement obscène, sans pour autant commettre d'acte vil. Il ressemble à un homme qui s'occuperait d'un commerce qui n'existe plus. Si la came disparaissait de la surface de la terre, il resterait sans doute des camés errant encore dans les quartiers à came, éprouvant un manque vague et tenace, pâle fantôme de la maladie du sevrage.

Ainsi cet homme rôde-t-il sur les lieux où il exerça autrefois son commerce révolu et inavouable. Mais il est impassible. Ses yeux noirs possèdent le calme vide des yeux d'insectes. On dirait qu'il se nourrit de miel et de sirops levantins qu'il aspire par une sorte de proboscide.

Quel est son commerce disparu ? Sûrement de bas étage et ayant trait aux morts, encore qu'il ne soit pas embaumeur. Peut-être emmagasine-t-il dans son corps une substance qui prolonge la vie et dont ses maîtres le traient périodiquement. Il est aussi spécialisé qu'un insecte et paraît créé pour l'accomplissement de quelque sombre et basse besogne.

De l'extérieur, le *Chimu Bar* ressemble à n'importe quelle *cantina*, mais dès qu'on en franchit le seuil on sait que c'est un bar de pédés.

Je commandai un verre au comptoir et regardai autour de moi. Trois tantes mexicaines prenaient des poses devant le juke-box. L'une d'elles se coula vers moi avec les gestes stylisés des danseurs sacrés et me demanda une cigarette. Il y avait quelque chose d'archaïque dans ses mouvements, une grâce animale dépravée, à la fois attirante et repoussante. Je l'imaginais se mouvant dans la lumière des feux de camps, ses gestes ambigus s'évanouissant dans la pénombre. La sodomie est aussi vieille que l'espèce humaine. L'un des pédés était assis dans un box près du juke-box, parfaitement immobile avec une placidité stupide d'animal.

Je me retournai pour examiner de plus près le garçon qui s'était avancé. Pas mal.

— *Por que triste ?* lui demandai-je. (Pourquoi es-tu triste ?) Ce n'était pas d'une folle originalité, mais je n'étais pas là pour faire la conversation.

Le garçon sourit, révélant des gencives très rouges et des dents pointues et très écartées. Il haussa les épaules et répondit vaguement qu'il n'était pas triste, ou du moins pas spécialement. Je regardai autour de moi.

— *Vamonos a otro lugar*, dis-je. (Allons ailleurs.)

Le garçon acquiesça. Nous descendîmes la rue vers un restaurant ouvert toute la nuit et nous installâmes dans un box. Le garçon posa sa main sur ma cuisse, sous la table. L'excitation me noua l'estomac. J'avalai mon café et attendis avec impatience qu'il finisse sa bière et sa cigarette.

Il connaissait un hôtel. Je poussai cinq pesos à travers un guichet. Un vieil homme nous ouvrit la porte d'une chambre et jeta une serviette effrangée sur une chaise.

— *Llevas pistola ?* (Vous portez une arme ?) me demanda le jeune homme qui avait aperçu mon pistolet.

Je lui dis que oui.

Je pliai mon pantalon et le posai sur une chaise, avec mon pistolet dessus. Je laissai tomber ma chemise et mon slip sur le tout. Je m'assis, nu, au bord du lit et regardai le garçon se déshabiller. Il plia avec soin son vieux costume bleu. Il ôta sa chemise et la mit sur le dossier d'une chaise par-dessus sa veste. Il avait la peau lisse et cuivrée. Il retira son slip, puis se retourna et me sourit. Ensuite il vint s'asseoir près de moi sur le lit. Je glissai lentement une main sur son dos, tandis que mon autre main suivait la courbe de sa poitrine et passait sur son ventre plat et marron.

Ensuite, nous avons fumé une cigarette épaule contre épaule, sous la couverture. Le garçon me dit qu'il devait partir. Nous nous rhabillâmes. Je me demandai s'il attendait de l'argent de moi. Je décidai que non. Dehors nous nous séparâmes au coin d'une rue en nous serrant la main.

Quelque temps plus tard, je fis la connaissance dans le même bar d'un garçon qui s'appelait Angelo. Je vis Angelo plus ou moins régulièrement pendant deux ans. Quand j'étais à la came, je ne rencontrais pas Angelo pendant des mois dans la rue, mais quand je décrochais, je le rencontrais toujours quelque part. Au Mexique, vos souhaits possèdent la force d'un rêve. Quand vous souhaitez voir quelqu'un, il surgit.

Un jour, j'avais cherché un garçon et, fatigué,

je m'étais assis sur un banc de pierre dans l'Alameda. Je sentais la pierre lisse à travers le tissu de mon pantalon, et le désir dans mes reins comme un mal de dents quand il est encore léger et différent de toutes les autres douleurs. Assis dans le parc que je contemplais du regard, je me sentis soudain calme et heureux, et me vis dans un rapport onirique avec La Ville, sachant que je me lèverais un garçon ce soir-là. Ça ne manqua pas.

Le visage d'Angelo était oriental, japonais aurait-on dit, mis à part son teint cuivré. Il n'était pas homo, et je lui donnais de l'argent ; toujours la même somme, vingt pesos. Quelquefois, je n'avais pas les vingt pesos mais il disait :

— *No importa.* (Ça ne fait rien.)

Il voulait absolument balayer l'appartement chaque fois qu'il y passait la nuit.

Une fois que j'eus fait la connaissance d'Angelo, je ne retournai plus au *Chimu*. Que ce soit au Mexique ou aux Etats-Unis, les bars de tantouses me dépriment.

Le sens de *mañana* est « Attendez que les signes soient favorables ». S'il vous tarde de trouver de la came et que vous allez l'ouvrir devant les premiers inconnus venus, vous vous faites rouler pour votre argent et il y a des chances que vous ayez des ennuis avec la flicaille. Mais si vous savez attendre, la came viendra à vous, si vous la voulez vraiment.

J'étais à Mexico depuis plusieurs mois. Un jour, j'allai voir l'avocat que j'avais pris pour me dégoter les permis de résidence et de travail. Un homme d'âge moyen et d'apparence minable attendait devant le bureau.

— L'est pas encore arrivé, fit l'homme.

Je le regardai. J'aurais parié n'importe quoi que c'était un vieux camé de la vieille. Et je savais qu'il n'avait aucun doute quant à moi non plus.

Nous discutâmes en attendant que l'avocat arrive. Ce camé était là pour vendre je ne sais quelles médailles religieuses. L'avocat lui avait demandé d'en apporter une dizaine à son bureau.

Après mon entrevue avec mon avocat, je demandai au camé s'il se joindrait à moi pour aller dîner dans un restaurant dans San Juan Létran.

Le camé me demanda de jouer cartes sur table et je lui sortis le morceau. Il retourna son revers de veston et me fit voir une seringue plantée dans la doublure du revers.

— Je suis à la came depuis vingt-huit ans, fit-il. Tu veux y retoucher ?

Il n'y a qu'un seul fourgueur à Mexico, et c'est Lupita. Cela fait vingt ans qu'elle est dans le métier. Lupita a commencé avec un gramme de came et elle a maintenant le monopole du trafic à Mexico. Comme elle pesait 135 kilos, elle a commencé à prendre de la came pour perdre du poids, mais seul son visage a maigri et le résultat n'est pas une réussite. Environ tous les mois, elle s'offre un nouvel amant, lui achète des chemises, des costumes et des montres, et puis elle le fiche à la porte quand elle en a assez.

Lupita arrose qui de droit pour pouvoir faire marcher son commerce au grand jour, comme s'il s'agissait d'une épicerie. Elle n'a pas à se soucier des mouchards, car n'importe quel flic de la ville sait que Lupita vend de la came. Elle garde des seringues dans des bocaux d'alcool pour que ses clients puissent se piquer chez elle et ressortir sans rien sur eux. Quand un flic a besoin d'argent pour s'enfiler un demi, il se poste près de chez Lupita et attend qu'un client sorte en espérant que celui-ci aura un sachet sur lui. Pour dix pesos (soit un dollar vingt-cinq), le flic le laisse repartir. Pour vingt pesos, il lui rend même la came. De temps à autre, un pékin mal avisé se met à vendre de la came de meilleure qualité et moins chère que celle de Lupita. Mais il n'en vend pas longtemps. Lupita a un argument de poids : dix sachets gratuits à celui qui lui signale un autre revendeur dans la province. Ensuite, Lupita téléphone à l'un de ses amis de la brigade des stupéfiants et le vendeur est arrêté.

Lupita frappe sous tous les angles. Si quelqu'un fait un gros coup, elle fait marcher son réseau de renseignements pour savoir qui l'a fait. Les voleurs sont alors obligés de lui revendre la marchandise au prix qu'elle fixe elle-même ou bien elle prévient les flics. Lupita sait tout ce qui se passe dans la pègre de Mexico. Elle trône, distribuant parcimonieusement ses doses, telle une divinité aztèque.

Lupita vend sa came dans des petits sachets. C'est censé être de l'héroïne. En fait, c'est du pantopon additionné de lactose et d'une autre merde qui ressemble à du sable et qui laisse un dépôt dans la cuiller après l'ébullition.

Je commençai à me fournir chez Lupita grâce à Ike, le vieux camé rencontré chez l'avocat. Je ne m'étais pas shooté depuis trois mois. Cela me prit exactement trois jours pour être de nouveau accroché.

Un drogué peut bien ne plus toucher à la came pendant dix ans, mais il peut redevenir intoxiqué en moins d'une semaine, tandis qu'une personne qui ne l'a jamais été doit bien se piquer deux fois par jour pendant deux mois avant d'être accrochée. Je me suis piqué quotidiennement pendant quatre mois avant de remarquer le moindre symptôme de sevrage. On peut dresser la liste des symptômes de sevrage mais la sensation qu'on en a ne ressemble à aucune autre et on ne saurait la traduire en mots. Je ne connus pas ce sentiment de manque de came avant d'avoir accroché pour la deuxième fois.

Comment se fait-il qu'un drogué retombe dans l'accoutumance bien plus vite qu'un camé « vierge », quand bien même il n'a plus rien pris pendant des années ? Je refuse la théorie selon laquelle la came se planque quelque part dans le corps et n'en sort plus jamais — la colonne vertébrale serait sa cachette supposée — et je ne suis d'accord avec aucune explication psychologique. Je pense que l'emploi de la came provoque une altération cellulaire permanente. Camé un jour, camé pour toujours. On peut s'arrêter de se camer, mais on ne cessera plus d'être un camé lorsqu'on aura accroché une fois.

Quand ma femme s'aperçut que je m'y étais remis, elle fit une chose qu'elle n'avait encore jamais faite. C'était deux jours après ma rencontre avec le vieil Ike. Je me préparais une piqûre. Ma femme saisit la cuiller et en renversa le contenu sur le plancher. Je la giflai par deux fois. Elle se jeta sur le lit en sanglotant, puis elle se retourna vers moi et me dit :

— Tu ne veux vraiment pas faire un effort ? Tu sais bien que tu perds goût à tout quand tu t'y mets. C'est comme s'il y avait une panne de courant générale. Oh, et puis, fais ce que tu veux. De toute façon, j'imagine que tu en as d'autre de planquée.

J'en avais effectivement planqué.

Les sachets de Lupita coûtaient quinze pesos pièce — environ deux dollars. Ils sont moitié moins efficaces que les capsules américaines à deux dollars. Si l'on a la moindre accoutumance, il en faut deux pour se mettre d'aplomb, je dis bien uniquement pour se mettre d'aplomb. Pour vraiment se défoncer, il en faut quatre. Je trouvais que le prix était excessif, d'autant que tout est meilleur marché au Mexique où je m'attendais également à trouver la came moins chère. Et j'étais en train de dépenser plus d'argent pour de la came de moins bonne qualité. Ike m'expliqua :

— Elle est obligée de la vendre cher, car elle achète la police.

Je demandai alors à Ike :

— Et les ordonnances ?

Il me dit que les toubibs ne pouvaient prescrire que de la morphine en solution. Le maximum qu'ils avaient le droit de prescrire en une seule fois était quinze centogramos, soit deux grains et demi environ. Je me dis que cela reviendrait beaucoup moins cher que Lupita et nous commençâmes à faire la tournée des toubibs. Nous en dénichâmes plusieurs disposés à faire une ordonnance moyennant cinq pesos, et cinq qui se chargeaient même de les faire remplir.

Une ordonnance vous fait un jour si vous y allez molo. L'ennui, c'est que les ordonnances sont plus faciles à écrire qu'à faire remplir, et que quand on trouve effectivement une pharmacie qui vous sert, le pharmacien vous vole le plus souvent toute la came et vous refile de l'eau distillée. Ou bien il n'a pas un gramme de morphine et met n'importe quoi dans le flacon qu'il expose en rayon. Pour certaines ordonnances, il m'est arrivé de me faire servir de la poudre même pas dissoute. J'aurais pu me tuer si j'avais essayé de me shooter avec cette merde.

Les toubibs mexicains ne ressemblent pas aux médecins marrons des Etats-Unis. Ils ne vous jouent jamais la comédie de l'homme de l'Art. Un toubib qui accepte de vous délivrer une ordonnance de morphine ne vous obligera pas à lui débiter votre petit boniment. A Mexico, les médecins sont tellement nombreux que beaucoup ont du mal à joindre les deux bouts. J'en connais certains qui crèveraient de faim s'ils n'avaient la ressource des ordonnances de morphine. Ils n'ont pas d'autres patients, si l'on peut dire, que des camés.

Je subvenais aux besoins d'Ike en même temps qu'aux miens et cela commençait à chiffrer.

Je demandai à Ike quelles étaient les possibilités de trafic à Mexico. Il me répondit qu'elles étaient nulles :

— Ça ne durerait même pas une semaine. Bien sûr, tu aurais une foule de clients qui voudraient payer quinze pesos pour une piqûre de bonne morphine comme celle que nous obtenons avec les ordonnances. Mais à la première occasion, quand ils seraient en manque ou fauchés, ils iraient tout droit chez Lupita et lui raconteraient tout en échange de quelques sachets. Ou alors, si la police les piquait, ils se mettraient à table sans se faire prier. Quelques-uns n'ont même pas besoin d'être interrogés. Ils disent : « Relâchez-moi et je vous indiquerai un fourgueur. » La police les envoie alors faire un achat avec de l'argent marqué et c'est cuit. Tu te fais baiser illico. La vente de came va chercher dans les huit ans et il n'y a pas de libération sous caution.

Il y en a qui viennent me voir en me disant : « Ike, on sait que tu as des ordonnances. Tiens, voilà cinquante pesos ; donne-m'en une. » Ils ont parfois des beaux vêtements ou des montres de prix. Je leur réponds que j'ai décroché. Je pourrais sûrement me faire deux cents pesos par jour, mais ça ne durerait pas une semaine.

— Mais est-ce qu'il n'est pas possible de trouver cinq ou six clients sûrs ?

— Je connais tous les mectons de Mexico. Et je ne ferais confiance à aucun d'entre eux. Aucun !

Au début, nous pûmes faire remplir les ordonnances sans trop de difficultés. Mais lorsqu'au bout de quelques semaines, celles-ci se furent empilées chez les pharmaciens qui voulaient bien nous vendre de la morphine, ils commencèrent à rechigner. Il semblait que nous allions devoir retourner chez Lupita. Une ou deux fois, nous fûmes d'ailleurs pris de court et dûmes nous fournir chez elle. A force d'user de cette morphine de pharmacie d'excellente qualité, notre organisme était devenu plus exigeant et il nous fallait deux sachets à quinze pesos de chez Lupita pour nous sentir bien. Mais trente pesos par piqûre était une somme très au-dessus de mes moyens. Il me fallait donc arrêter complètement ou me restreindre suffisamment pour me contenter de deux sachets de Lupita par jour. Ou bien, il fallait trouver une autre source d'approvisionnement.

L'un de nos médecins complaisants suggéra à Ike de faire une demande pour obtenir un permis officiel. Ike m'expliqua que le gouvernement mexicain délivrait des permis à certains drogués leur allouant, chaque mois, une certaine quantité de morphine au prix coûtant. Le médecin se proposait, moyennant cent pesos, de déposer une demande pour Ike. Je lui dis : « Vas-y », et lui donnai l'argent nécessaire. Je ne m'attendais pas à ce que ça marche, mais c'est ce qui arriva. Dix jours plus tard, il avait un permis officiel l'autorisant à acheter quinze grammes de morphine par mois. Le permis devait être contresigné par son médecin et par le médecin-chef du ministère de la Santé. Ensuite il n'aurait plus qu'à le présenter chez un pharmacien et à se faire délivrer le produit.

Le gramme coûtait deux dollars environ. Je me rappelle la première fois qu'il se servit de son permis. Une boîte entière de cubes de morphine. Le rêve du camé. Jamais je n'en avais vu autant à la fois. J'avançai l'argent et nous partageâmes la boîte. Sept grammes par mois représentaient environ trois grains par jour, ce qui était plus que je n'en avais jamais eu aux Etats-Unis. J'étais donc abondamment pourvu en came pour trente dollars par mois, alors que cela m'en aurait coûté trois cents aux Etats-Unis.

Durant tout ce temps, je ne me liai pas avec les drogués de Mexico. La plupart d'entre eux volent pour acheter la came. Ils sont dangereux à fréquenter et sont tous mouchards. On ne peut faire confiance à aucun. Rien de bien ne peut arriver en s'acoquinant avec ces types.

Ike ne volait pas. Il gagnait sa vie en vendant des bracelets et des pendentifs en imitation d'argent. Ensuite il devait s'éclipser rapidement car son pseudo-argent noircissait en quelques heures. Une ou deux fois il fut arrêté et accusé de fraude, mais chaque fois je payai pour le faire libérer. Je le poussai alors à trouver un boulot qui restât dans la stricte légalité et il se mit à vendre des crucifix.

Ike avait été voleur à la tire aux Etats-Unis et prétendait s'être fait jusqu'à cent dollars par jour à Chicago en se servant d'une valise à ressorts qu'il bourrait de vêtements. Les côtés de la valise se remettaient en place automatiquement. Tout son fric passait en héroïne et en cocaïne.

Mais Ike ne voulait pas voler au Mexique. Il disait que même les voleurs les plus doués passaient le plus clair de leur temps au trou. Au Mexique, un voleur peut être envoyé au pénitencier de Tres Marias sans jugement préalable. On ne trouve pas, comme aux Etats-Unis, le type de voleur à l'aspect bourgeois et gagnant bien sa vie. Il y a d'un côté les escrocs de haute volée bien introduits dans les milieux politiques, et de l'autre les voleurs minables qui passent la moitié de leur vie en prison. La première catégorie se recrute surtout parmi les chefs de la police ou les hauts fonctionnaires. Tel est le tableau au Mexique et Ike n'avait pas les relations nécessaires pour pouvoir agir.

Cependant, il y avait un camé que je voyais quelquefois : il était originaire du Yucatan, avait la peau très sombre et Ike l'appelait le « Diable Noir ». Le Diable Noir faisait le commerce des crucifix. En fait, il était très croyant et faisait chaque année le pèlerinage de Chalma, parcourant les quatre cents derniers mètres à genoux sur les cailloux, soutenu par deux personnes. Après cela, il s'estimait quitte pour un an.

Notre-Dame-de-Chalma semble être la sainte-patronne des camés et des petits voleurs, car tous les clients de Lupita font le pèlerinage une fois par an. Le Diable Noir loue un emplacement dans l'église et y revend des sachets de came outrageusement coupée de lactose.

Je ne voyais le Diable Noir que de temps en temps, mais Ike m'en raconta beaucoup sur son compte. Ike le haïssait comme seul un camé peut en détester un autre.

— Le Diable Noir nous a brûlés en disant dans cette pharmacie qu'il venait de ma part. Maintenant, le pharmacien ne veut plus remplir d'ordonnances.

Ma vie suivait ainsi son cours, mois après mois. Nous étions toujours un petit peu à court à chaque fin de mois et il fallait tirer quelques ordonnances. J'avais toujours un sentiment d'insécurité quand il ne me restait plus rien et une impression de confort lorsque mes sept gramos étaient bien planqués.

Une fois, Ike passa deux semaines dans la prison de la ville (on l'appelle La Carmen) pour vagabondage. J'étais fauché et ne pus payer l'amende. Trois jours passèrent avant que je puisse aller le voir. Son corps avait rétréci ; tous les os de son visage pointaient sous la peau ; ses yeux bruns brillaient de souffrance. Dans ma bouche, je dissimulais un peu de came enrobée dans un bout de cellophane. Je crachai la came dans une moitié d'orange que je tendis à Ike. En vingt minutes, il était plein.

Je regardai autour de moi et remarquai que les camés formaient un groupe à part. Tout comme les pédés, qui prenaient des poses et piaillaient dans un coin de la cour, les camés étaient réunis et ne parlaient que de drogue.

Tous les camés portent un chapeau, du moins s'ils en possèdent un. Tous se ressemblent comme s'ils portaient une tenue identique, mais dont on ne pourrait cependant définir les points communs. La came les a tous marqués de son sceau indélébile.

Ike me raconta que les prisonniers volaient souvent les pantalons des nouveaux venus. « Quelle racaille il y a ici ! » Je vis en effet plusieurs types qui se promenaient en sous-vêtements. Le « Commandante » attrapait quelquefois des épouses ou des parents apportant de la came aux prisonniers, et leur raflait alors tout le paquet. Il piqua ainsi une femme qui apportait un sachet à son mari, mais elle n'avait que cinq pesos sur elle. Alors il lui prit sa robe, qu'il revendit quinze pesos, si bien qu'elle dut rentrer chez elle entortillée dans un vieux drap sale.

L'endroit grouillait de mouchards. Ike n'osa pas garder un peu de la came que je lui avais apportée, de peur qu'on ne la lui vole ou qu'on le dénonce au Commandante.

J'avais pris l'habitude de rester chez moi et de me piquer trois ou quatre fois par jour. Pour m'occuper, je m'inscrivis au Mexico City College. Les étudiants me parurent très quelconques, mais évidemment je ne les observai pas très attentivement.

Quand on essaye de se rappeler une année au cours de laquelle on s'est camé, cela paraît bien court. On ne se souvient que des périodes où l'on fut malade de manque. On ne se rappelle que les premières piqûres, celles d'avant l'accoutumance, et celles qu'on s'est faites quand on était vraiment malade.

(Même au Mexique il arrive toujours un jour où tout va mal. La pharmacie est fermée, ou le préparateur que vous connaissez est en congé, ou alors le toubib est allé dans quelque fiesta campagnarde ; bref, impossible de se fournir.)

La fin du mois. Je n'avais plus de came et j'étais malade. J'attendais que le vieil Ike se pointe avec une ordonnance de morphine. Le camé passe la moitié de sa vie à attendre. Il y avait dans la maison un chat à qui nous donnions à manger, un affreux chat gris. Je pris l'animal et le posai sur mes genoux pour le caresser. Quand il voulut sauter par terre, je resserrai mes mains sur lui. Le chat se mit à miauler en cherchant une manière de s'échapper.

Je baissai la tête pour toucher le museau froid du chat avec mon nez, et il voulut me griffer le visage. Ce fut un coup de griffe à moitié convaincu, qui ne fit même pas mouche. Mais c'était tout ce qu'il me fallait. Je maintins le chat à bout de bras et me mis à le taper sur la gueule de mon autre main. L'animal hurlait et me griffait, puis il se mit à doucher de pisse mon pantalon. Mais je continuai à frapper le chat, les mains en sang à force d'être griffé. Il réussit à se libérer en se tortillant dans tous les sens et se jeta dans l'armoire, où je l'entendis geindre et grogner de terreur.

— Bon, je vais achever ce petit salaud, fis-je en saisissant une lourde canne peinte. Mon visage était en nage. Je tremblais d'excitation. Je me léchai les lèvres et fis mouvement vers l'armoire, prêt à bloquer toute tentative d'évasion.

C'est à ce moment que ma bonne femme intervint, et je reposai la canne. Le chat se précipita hors de l'armoire et dégringola les escaliers.

Ike m'apportait de la cocaïne quand il parvenait à s'en procurer. La coco est dure à trouver, au Mexique. Je n'avais jamais pris de bonne coco auparavant. La coke est une défonce 100 %. Elle vous envoie cent pieds en l'air, ascenseur mécanique qui vous lâche dès que vous en ressentez les effets. Je ne connais aucun remontant de la force de la coke ; seulement ça ne dure que dix minutes ou guère plus. Alors, il vous en refaut. Quand vous vous shootez de la coke, vous augmentez la dose de morphine pour être à égalité avec la défonce de la coke et arrondir les aspérités. Sans morphine, la coke rend nerveux, et la morphine est l'antidote d'une surdose de coke. Il n'y a pas de marge de tolérance précise avec la coke, et c'est difficile de déterminer où finit la dose normale et où commence la dose toxique. A plusieurs reprises, j'en pris trop : tout devint noir et mon cœur passa cul par-dessus tête. Heureusement, j'avais toujours plein de morphine sous la main, et une piqûre de morphine me requinquait illico.

La came est une nécessité biologique quand vous êtes accoutumé ; c'est une bouche invisible. Quand vous vous shootez votre came, vous êtes bien content, comme quand vous venez de vous taper un bon repas. Mais avec la coke, vous voulez vous repiquer dès que les effets s'estompent. Si vous avez de la coke dans la baraque, vous n'irez pas voir ce film et vous ne sortirez pas tant que vous ne vous serez pas enfilé tout le paquet. Une piqûre crée le désir urgent d'une autre piqûre pour maintenir la défonce. Mais une fois que la coke vous est sortie du système, vous n'y pensez plus un seul instant. Il n'y a pas d'accoutumance avec la coke.

La came court-circuite l'appétit sexuel. Par ailleurs, le besoin d'établir des relations même platoniques avec autrui procède de la même source, si bien que lorsque je suis accroché à l'héroïne ou la morphine, les gens ne m'intéressent pas. Si l'on veut me parler, d'accord, mais je n'éprouve pas l'envie de faire de nouvelles connaissances. Au contraire, quand j'arrête de me piquer, il m'arrive souvent d'être avide de contacts humains et de parler à qui veut bien m'écouter.

La came prend tout et n'apporte rien, sinon une assurance contre les douleurs du manque. De temps en temps, je regardais les choses bien en face et décidais de me désintoxiquer. Quand on a toute la came qu'on désire, s'arrêter paraît facile. On se dit : « Les piqûres ne me procurent plus de plaisir. Autant laisser tomber » ; mais quand on est en manque, c'est une autre chanson.

Au cours de l'année que je passai à Mexico, j'entrepris cinq fois de me désintoxiquer. J'essayai de réduire la dose, je tentai la cure chinoise, mais rien n'y fit.

Après l'échec de cette dernière, je confectionnai quelques sachets que je donnai à ma femme pour qu'elle les cache, en lui recommandant de ne me les donner que suivant un programme établi. Ike m'aida à les préparer, mais il n'avait pas un esprit précis. Son programme était trop carabiné au début et se terminait abruptement sans réduction des doses. J'élaborai donc mon propre programme et le suivis quelque temps, mais je n'avais aucune volonté réelle d'en finir. Je me procurais des extras auprès d'Ike et trouvais de bonnes excuses pour me faire des piqûres supplémentaires.

Je savais pourtant que je ne voulais pas continuer ainsi. Si j'avais pu prendre ne fût-ce qu'une seule décision, celle-ci aurait été : plus de came, jamais plus. Mais quand j'abordais le processus d'arrêt définitif, je n'avais plus de volonté. J'éprouvais un atroce sentiment de faiblesse en me voyant abandonner toutes mes bonnes résolutions, comme si je n'avais plus aucun contrôle de mes actes.

Un matin d'avril, je me réveillai assez mal en point. Je demeurai allongé à regarder les ombres sur le plâtre blanc du plafond. Je me revis, bien des années plus tôt, couché avec ma mère, contemplant les lumières de la rue qui bougeaient au plafond et descendaient le long des murs. J'éprouvai la vive nostalgie du sifflet des trains, du son d'un piano dans la rue d'une grande ville, de l'odeur des feuilles qu'on brûle.

Une légère privation de drogue me ramenait toujours la magie de l'enfance. « Cela ne rate jamais, pensai-je. Toujours dans le mille. Je me demande si tous les camés connaissent cette extraordinaire sensation. »

J'allai à la salle de bains pour me piquer. Je mis beaucoup de temps à trouver une veine. L'aiguille se boucha deux fois et le sang coula le long de mon bras. La came se répandit dans mon corps comme une injection de mort. Le rêve s'était envolé. Je regardai le sang qui coulait de mon coude au poignet. J'eus soudain pitié de ces veines et de cette chair violées. J'essuyai délicatement le sang sur mon bras.

— Je vais laisser tomber, dis-je à haute voix.

Je préparai une solution d'opium et demandai à Ike de ne plus se montrer pendant quelques jours. Il me dit :

— J'espère que tu y arriveras, petit. J'espère

que tu vas arrêter. Je veux bien être pendu si je ne suis pas sincère.

En quarante-huit heures, l'effet de la morphine se dissipa. La solution d'opium m'aida tout juste à ne pas trop souffrir. Je la bus entièrement avec deux comprimés de nembutal et dormis plusieurs heures. Quand je me réveillai, mes vêtements étaient trempés de sueur. Mes yeux pleuraient et me faisaient mal et j'avais des démangeaisons sur tout le corps. Je me retournai dans le lit, arquant le dos et étirant mes bras et mes jambes, puis ramenai mes genoux sous moi et serrai mes mains entre mes cuisses. La pression de mes mains déclencha l'orgasme du sevrage. Je me levai et changeai de slip.

Il restait quelques gouttes de solution dans la bouteille. Je les bus et sortis acheter quatre tubes de codéïne. J'avalai la codéïne avec du thé chaud et me sentis mieux.

Ike me dit :

— Tu veux aller trop vite. Laisse-moi te préparer une mixture.

Je l'entendais fredonner dans la cuisine pendant qu'il préparait le breuvage :

— Un peu de cannelle pour l'empêcher de dégueuler... un peu de sauge pour libérer l'intestin... quelques clous de girofle pour purifier le sang... »

Je n'avais jamais rien bu d'aussi mauvais, mais le breuvage rendit la douleur supportable. Je me sentais légèrement défoncé, moins à cause de l'opium que des réactions du sevrage. La came inocule la mort et laisse le corps en état de perpétuelle alerte. Quand le camé est en manque, les réactions d'alerte continuent. Les sensations s'aiguisent, les mouvements des viscères se font désagréablement sentir, l'activité péristaltique et les sécrétions échappent à tout contrôle. Quel que soit son âge, le drogué en renonce est susceptible de connaître les excès émotifs d'un enfant ou d'un adolescent.

Après avoir utilisé la mixture d'Ike pendant trois jours, je me mis à boire de l'alcool. Jamais auparavant je n'avais pu boire quand je me camais ou en cours de sevrage. Mais ingurgiter de l'opium est différent de s'injecter la blanche. L'opium et l'alcool ne sont pas incompatibles.

Au début, je buvais à partir de cinq heures de l'après-midi. Au bout d'une semaine, je commençais à huit heures du matin, restais ivre toute la journée et toute la nuit et me réveillais encore saoul le lendemain matin.

Tous les jours en me réveillant, je prenais de la benzédrine, de la samicine et un peu d'opium avec du café noir et un coup de tequila. Puis je m'allongeais et fermais les yeux, essayant de me rappeler la nuit passée et la journée de la veille. Souvent, j'avais un trou noir à partir de midi. On se réveille parfois après un cauchemar en pensant : « Dieu merci, je n'ai pas réellement fait ça ! » En reconstituant un moment de black-out, on se dit : « Mon Dieu ! ai-je réellement fait ça ? » La frontière entre la pensée et la parole est abolie. L'ai-je dit ou seulement pensé ?

Après dix jours de ce régime, j'étais dans un état lamentable. Mes vêtements étaient maculés et raides de tout l'alcool que j'avais renversé sur eux. Je ne me lavais plus. J'avais maigri, mes mains tremblaient, je renversais tout, me prenais les pieds dans les chaises et tombais. Mais je paraissais avoir une énergie illimitée et une capacité de boire que je ne me connaissais pas. Cette instabilité intérieure se reflétait en tout. J'étais d'une sociabilité que je ne parvenais pas à contrôler et parlais à tous ceux que je pouvais coincer. J'obligeais avec le plus total manque de tact de parfaits étrangers à écouter mes confidences intimes. A plusieurs reprises, je fis les propositions les plus crues à des gens qui n'avaient pas du tout laissé entendre qu'elles pouvaient les intéresser.

Ike passait régulièrement chez moi.

— Je suis content de te voir arrêter la came, Bill. Que je sois pendu si je ne suis pas sincère. Mais au cas où tu te sentirais trop malade et où tu commencerais à dégueuler, voilà cinq centigrammes de morphine.

Ike jugeait sévèrement mon alcoolisme :

— Tu bois trop, Bill. Tu bois et tu es en train de devenir dingue. Tu as l'air vraiment mal en point. Tu as une mine effroyable. Il vaudrait mieux que tu te remettes à la came plutôt que de boire comme ça.

Je me trouvais dans un petit bistrot près de Dolores Street. Je buvais déjà depuis une quinzaine de jours. J'étais assis dans un box et buvais de la tequila en compagnie de trois Mexicains. Ceux-ci étaient assez bien habillés. L'un d'eux parlait anglais. Un autre, d'un certain âge, râblé, avec un visage doux et triste chantait et jouait de la guitare ; il était assis sur une chaise au bout du box. Je me réjouissais que la musique rende toute conversation impossible.

Cinq flics entrèrent. Je craignis d'être fouillé et retirai de ma ceinture mon pistolet et son étui que je laissai choir sous la table, ainsi qu'un morceau d'opium que j'avais planqué dans un paquet de cigarettes. Les flics burent une bière en vitesse et sortirent.

Lorsque je voulus récupérer mon arme sous la table, il ne restait plus que l'étui.

Plus tard, je me retrouvai dans un autre bar avec le Mexicain qui parlait anglais. Les autres étaient partis. L'endroit était faiblement éclairé en jaune. Une tête de taureau montée en trophée, qui paraissait mitée, était accrochée au-dessus du comptoir d'acajou. Des photos de toreros, certaines dédicacées, décoraient les murs. Le mot « saloon » était gravé sur les portes de verre dépoli. Je me surpris à relire sans cesse le mot « saloon ». Brusquement, j'eus l'impression de tomber au beau milieu d'une conversation.

A l'expression de mon compagnon, je m'aperçus que j'étais au milieu d'une phrase, mais je n'avais pas la moindre idée de ce que j'avais dit, de ce que j'allais dire ou de l'objet de notre conversation. Je pensai que nous devions parler du pistolet. « Je suis sans doute en train d'essayer de le racheter. » Je remarquai alors que le type tenait le morceau d'opium dans la main, le tournant et le retournant.

— Ainsi, vous trouvez que je ressemble à un camé, me dit-il.

Je le regardai. Il avait un visage mince avec des pommettes hautes. Ses yeux étaient d'un brun gris que l'on rencontre fréquemment chez les métis. Il portait un costume gris clair et une cravate. Il avait des lèvres minces aux commissures tombantes. Une bouche de camé, ça c'était sûr. Certaines personnes ont l'air de camés, tout comme d'autres ont l'air d'être des homosexuels et ne le sont pas. C'est le genre de type qui adore faire des histoires.

— Je vais appeler un flic, dit-il en tendant le bras vers un téléphone fixé à un pilier.

Je lui arrachai le téléphone des mains et le repoussai contre le comptoir si brutalement qu'il en perdit l'équilibre. Il sourit. Ses dents étaient recouvertes d'une pellicule brunâtre. Il me tourna le dos, appela le barman et lui montra le morceau d'opium. Je sortis et pris un taxi.

Je me rappelle être retourné chez moi pour y prendre un autre revolver — de gros calibre, celui-là. J'étais fou de rage bien que, en y repensant, je sois incapable de savoir vraiment pourquoi.

Je descendis du taxi et rentrai dans le bar. Le type était accoudé au comptoir, sa veste grise moulant étroitement son dos maigre et ses épaules étroites. Il se retourna pour me regarder, le visage sans expression.

— Sors devant moi, lui dis-je.

— Pourquoi, Bill ?

— Vas-y, avance.

Je tirai le lourd pistolet de ma ceinture, l'armant en même temps que je dégainais, et lui collai le canon sur l'estomac. De ma main gauche, je le saisis par les revers de sa veste et le repoussai contre le comptoir. Sur l'instant, je ne réalisai pas que le type m'avait appelé par mon prénom et que le barman le connaissait sans doute aussi.

Le type était parfaitement maître de lui, le visage blême d'une peur contrôlée. Je vis quelqu'un s'approcher par derrière, un peu sur la droite, et tournai à demi la tête. Le barman et un flic venaient vers moi. Je me retournai, furieux d'être dérangé, et braquai l'arme sur l'estomac du flic.

— Qui t'a demandé de venir mettre ton grain de sel ? demandai-je en anglais.

Je n'avais pas l'impression de parler à un flic de chair et d'os, je parlais au flic que je retrouvais constamment dans mes rêves — un type agaçant, noiraud, aux traits flous, qui surgissait chaque fois que je m'apprêtais à me piquer ou aller au lit avec un garçon.

Le barman me saisit le bras et le tordit pour le détourner de l'estomac du flic. Celui-ci dégaina placidement son vieux 45 automatique et l'appuya fermement sur mon corps. Je sentais le froid du canon à travers ma mince chemise de coton. L'estomac du flic pointait en avant. Il ne l'avait pas rentré et ne s'était pas penché. J'ouvris la main qui tenait le revolver et sentis qu'on me l'enlevait. Je levai les mains dans un geste de reddition.

— Ça va, ça va ! dis-je, et puis j'ajoutai *bueno*. Le flic rengaina son 45. Le barman s'était appuyé contre le comptoir et examinait mon arme. Le type au complet gris était immobile, impassible.

— *Esta cargado* (il est chargé), déclara le barman sans quitter l'arme des yeux.

J'eus envie de dire : « Evidemment ! A quoi peut servir un revolver s'il n'est pas chargé ? » mais je gardai le silence. La scène était irréelle et absurde, comme si je m'étais immiscé dans le rêve d'un autre, comme l'ivrogne qui se trompe de porte.

Et j'étais moi-même irréel pour les autres ; j'étais l'étranger débarqué d'un autre pays. Le barman me regardait avec curiosité. Il eut un petit haussement d'épaules perplexe et dégoûté et glissa l'arme dans sa ceinture. Tout se passait sans haine. Peut-être m'auraient-il haï si j'avais été plus proche d'eux.

Le flic me saisit fermement par le bras.

— *Vámonos, gringo,* dit-il.

Je sortis avec le flic. Je me sentais mou et j'avais les jambes flageolantes. Je trébuchai et le flic me redressa. J'essayais de lui faire comprendre que même si je n'avais pas d'argent sur moi, je pouvais en emprunter à des *amigos*. Mon cerveau était incapable de fonctionner. Je mélangeais l'espagnol et l'anglais et le verbe « emprunter » était dissimulé dans une des circonvolutions de mon cerveau, d'où mes terminaisons nerveuses bloquées par l'alcool l'empêchaient de sortir. Le flic hochait la tête. Je m'efforçais de m'exprimer autrement. Soudain, le flic s'arrêta.

— *Andale, gringo,* dit-il en me poussant légèrement par l'épaule.

Il resta planté là à me regarder descendre la rue. J'agitai la main en signe d'adieu. Il ne répondit pas à mon salut. Il tourna les talons et repartit dans la direction d'où nous étions venus.

Il me restait un peso. J'entrai dans une *cantina* et commandai une bière. Il n'y avait pas de bière à la pression et les bouteilles coûtaient un peso. Au bout du comptoir, il y avait un groupe de jeunes Mexicains avec lesquels je me mis à parler. L'un d'eux me montra un insigne de la police secrète. C'était probablement du bidon. Il y a un faux flic dans tous les bistrots mexicains. Je me retrouvai en train de boire de la tequila. Je me rappelle le goût acide du citron que je suçais en la buvant, puis, plus rien.

Je me réveillai le lendemain matin dans une chambre inconnue. Je fis le tour de la pièce du regard. Hôtel de dernier ordre. Une armoire, une table et une chaise. A travers les rideaux tirés, je pouvais voir des gens passer devant la fenêtre. Rez-de-chaussée. Une partie de mes vêtements était empilée sur la chaise. Ma veste et ma chemise étaient sur la table.

Je balançai mes jambes hors du lit et m'assis, essayant de me rappeler ce qui s'était passé après le dernier verre de tequila. Le trou noir. Je me levai et fis l'inventaire de mes poches. « Stylo, disparu... de toute façon, il fuyait... jamais pu en avoir un qui ne fuie pas... canif, manquant... pas une grosse perte non plus... » Je m'habillai. J'avais une tremblote carabinée. « J'ai besoin de quelques bières... Je trouverai peut-être Rollins chez lui. »

C'était assez loin, à pied. Rollins était devant chez lui et promenait son dogue norvégien. C'était un type bien bâti, à peu près de mon âge, aux traits réguliers et énergiques, aux cheveux raides, noirs et argentés sur les tempes. Il portait une coûteuse veste sport, un pantalon de whipcord et un court manteau de daim. Nous nous connaissions depuis trente ans.

Rollins écouta le récit de mes exploits de la veille.

— Tu vas finir par te faire descendre à force

de te balader avec ce flingue, dit-il. Pourquoi le trimballes-tu sur toi ? Tu tirerais sans même savoir pourquoi. Tu t'es cogné aux arbres deux fois sur l'avenue Insurgentes. Tu t'es littéralement jeté sous une voiture. Je t'ai retenu et tu as voulu me casser la figure. Je t'ai planté là en te laissant retrouver ton chemin tout seul et je me demande comment tu as pu y arriver. Tout le monde en a marre de la manière dont tu te conduis ces temps-ci. S'il y a quelqu'un que je n'ai pas envie de fréquenter, c'est un poivrot armé, et je pense que tout le monde est comme moi.

— Tu as raison, c'est vrai, dis-je.

— Je veux t'aider autant qu'il m'est possible. Mais la première chose à faire est de cesser de picoler et de te refaire une santé. Tu as vraiment l'air mal en point. Et puis tu ferais bien de songer à gagner un peu d'argent. Au fait, je suppose que tu es fauché, comme d'habitude. (Rollins sortit son portefeuille.) Tiens, voilà cinquante pesos. C'est tout ce que je peux faire.

Je me saoulai avec les cinquante pesos. Vers neuf heures du soir, je n'avais plus d'argent et rentrai chez moi. Je m'allongeai et tentai de dormir. Quand je fermais les yeux, je voyais un visage asiate, le nez et les lèvres rongés par la lèpre. Le mal s'étendait, noyant la face dans une masse amiboïde où flottaient les yeux, des yeux froids de crustacés. Un nouveau visage se reformait lentement autour des yeux. Toute une série de visages, distordus, hiéroglyphiques, remontant jusqu'au point ultime où prend fin la lignée humaine, où la forme humaine ne peut plus contenir le cauchemar crustacéen qu'elle a engendré.

Je contemplais tout cela avec curiosité. « Je suis atteint de delirium tremens », pensai-je, très détaché.

Je me réveillai en sursaut. Je restai allongé, le cœur battant à toute blinde, essayant de découvrir ce qui m'avait effrayé. Je crus entendre un léger bruit au rez-de-chaussée. « Il y a quelqu'un dans la maison », dis-je à haute voix et j'en eus immédiatement la conviction.

Je sortis du placard ma carabine 30-30. J'avais les mains qui tremblaient. J'eus beaucoup de peine à charger l'arme. Je fis tomber plusieurs balles avant de parvenir à en introduire deux dans le magasin. J'avais les jambes en coton. Je descendis et allumai toutes les lumières. Rien. Personne.

J'étais pris de tremblement et par-dessus le marché je ressentais les symptômes du manque ! « Depuis quand ne me suis-je pas piqué ? » Je ne m'en souvenais plus. Je me mis à fouiller la maison pour trouver de la came. Quelque temps auparavant, j'avais planqué un morceau d'opium dans un trou du parquet. L'opium avait glissé sous les lattes et était hors d'atteinte. J'avais déjà fait plusieurs tentatives avortées pour le récupérer.

« Cette fois, je l'aurai », me dis-je, inflexible. Les mains tremblantes, je transformai un cintre en crochet et essayai de rattraper l'opium. La sueur me dégoulinait sur le nez. Je m'écorchai les mains sur les arêtes du trou. « Je le récupérerai d'une manière ou d'une autre », me dis-je, inexorablement décidé, et je me mis à la recherche d'une scie.

Je n'en trouvai pas. Je me précipitai d'une pièce à l'autre, bousculant tout et vidant les tiroirs avec une frénésie croissante. Sanglotant de rage, j'essayai d'arracher les lattes avec mes mains. Finalement, je renonçai et m'allongeai sur le sol, le souffle court et geignant.

Je me rappelai avoir de la dionine dans l'armoire à pharmacie. Je me levai pour aller voir. Il n'en restait qu'un comprimé. Quand je le chauffai pour le faire fondre, il devint laiteux et j'eus peur de me l'injecter. Un mouvement instinctif de ma main arracha l'aiguille et le liquide gicla sur ma peau. Je contemplai mon bras d'un air hébété.

Finalement, je réussis à dormir un peu et me réveillai le lendemain matin avec une gueule de bois effrayante. Les douleurs du manque, mises en sommeil par la codéïne et l'opium, atténuées par des semaines d'alcoolisation méthodique, revinrent en force. « Il me faut de la codéïne », pensai-je.

Je fouillai mes vêtements ; rien, pas une cigarette, pas un *centavo*. J'allai dans le living-room et glissai ma main entre le dossier et le siège du canapé : un peigne, un morceau de craie, un crayon à la mine cassée, une pièce de dix centavos et une de cinq. Je ressentis une douleur cuisante et retirai ma main. Le sang s'échappait d'une coupure profonde : sûrement une lame de rasoir. Je déchirai une serviette de toilette et l'enroulai autour de mon doigt. Le sang traversa le bandage et se mit à goutter sur le plancher. Je me recouchai mais ne pus me rendormir. Je n'étais même pas capable de lire. Je restai allongé à fixer stoïquement le plafond.

Une boîte d'allumettes vola à travers la pièce jusque dans la salle de bains. Je me redressai, le cœur battant. « Ike, ce vieux fourgueur ! » Ike se glissait souvent dans la maison et signalait sa présence comme un lutin en jetant quelque chose ou en frappant les murs. Le vieil Ike se tenait sur le pas de la porte.

— Comment ça va ? demanda-t-il.

— Pas très bien. J'ai la tremblote. J'ai besoin d'une piqûre.

Ike hocha la tête.

— Ouais, la morphine est souveraine contre la tremblote. Je me rappelle une fois à Minneapolis...

— Me fous de Minneapolis. Est-ce que t'en as ?

— J'en ai, mais pas sur moi. Il me faut environ vingt minutes pour aller la chercher. (Ike s'était assis et feuilletait un magazine.) Pourquoi ? Tu en veux ? dit-il en levant les yeux.

— Oui.

— J'y vais tout de suite.

Il ne revint qu'au bout de deux heures.

— J'ai dû attendre que le type finisse de déjeuner pour m'ouvrir le coffre de l'hôtel. Je garde ma provision dans le coffre, comme ça, personne ne peut m'embêter. A l'hôtel, je leur dis que c'est de la poudre d'or que j'utilise pour...

— Mais tu l'as ?

— Oui, je l'ai. Où est ton matériel ?

— Dans la salle de bains.

Ike revint de la salle de bains avec mon attirail et se mit en devoir de chauffer la came. Il n'arrêtait pas de jacasser :

— Tu bois et tu deviens cinglé : ça me fait mal au cœur de te voir renoncer à la drogue pour quelque chose de pire. J'en ai connu des tas qui ont arrêté de se camer. Beaucoup n'ont pas assez d'argent pour continuer avec Lupita : quinze pesos le sachet alors qu'il en faut trois pour avoir sa dose ! Ils se mettent aussitôt à boire et ils claquent au bout de deux ou trois ans.

— Alors, cette piqûre, ça vient ?

— Oui, une petite minute ! L'aiguille est bouchée. (Ike passa la main sur les revers de sa veste à la recherche d'un crin pour déboucher l'aiguille. Il poursuivit :) Je me rappelle une fois près de Mary Island. On était sur un bateau ; le colonel était saoul et était tombé à l'eau. Il a failli se noyer avec ses deux « pistolas ». On a eu un mal de chien à le sortir de là. (Ike souffla dans l'aiguille.) Ça va, elle est débouchée. Je me souviens d'un drogué qui allait chez Lupita. On l'appelait El Sombrero parce qu'il gagnait sa vie en volant des chapeaux : il s'amenait près d'un tramway sur le point de démarrer, attrapait un chapeau et pfuitt, il se tirait. Si tu le voyais maintenant. Il a les jambes tout enflées et couvertes d'ulcères ;

et il est sale, mon Dieu ! Les gens font un détour, comme ça. (Ike tenait la seringue d'une main et l'aiguille de l'autre tout en me faisant la démonstration.)

— Alors, tu te grouilles ?

— Ouais, minute ! Combien en veux-tu ? Environ cinq centigrammes ? Oui, cinq, ce sera bien.

La drogue mit du temps à produire son effet. Elle agit d'abord doucement, puis avec une force accrue. Je m'allongeai sur mon lit comme dans un bain chaud.

Je continuai à boire. Quelques jours plus tard, j'eus une syncope au *Ship Ahoy* après avoir bu de la tequila pendant huit heures d'affilée. Des amis me transportèrent chez moi. Le lendemain matin, je me retrouvai avec la pire gueule de bois de ma vie. Je vomis sans arrêt à dix minutes d'intervalles jusqu'à ne plus rendre qu'une bile verdâtre.

Ike passa me voir.

— Il faut que tu arrêtes de boire, Bill. Tu deviens cinglé.

Je n'avais jamais été aussi malade. J'étais convulsé par les spasmes. Ike me soutenait pendant que je rendais encore un peu de bile dans la cuvette des waters. Il me prit par les épaules et m'aida à regagner mon lit. Vers cinq heures de l'après-midi, je cessai de vomir et parvins à ingurgiter du jus de raisin et un peu de lait.

— Ça pue l'urine ici, dis-je. Un de ces sales matous a dû pisser sous le lit.

Ike se mit à renifler tout autour du lit.

— Non, rien ici.

Il continua à renifler près de la tête du lit, là où j'étais allongé, la tête soutenue par des oreillers.

— Bill, c'est toi qui sens l'urine !

— Hein ?

Je sentis mes mains avec une horreur croissante, comme si je découvrais que j'avais la lèpre.

— Mon Dieu ! m'écriai-je, l'estomac tordu par la peur. Je suis atteint d'urémie. Ike, va me chercher un toubib.

— Okay, Bill, je t'en ramène un tout de suite.

— Et ne reviens pas avec un de ces minables qui nous pondent des ordonnances pour cinq pesos.

— D'accord, Bill.

Je tentai de réprimer mon angoisse. Je ne connaissais pas grand-chose à l'urémie. J'avais vaguement connu une femme au Texas qui en était morte après avoir bu une bouteille de bière toutes les heures, jour et nuit, pendant quinze jours. Rollins m'en avait parlé :

— Elle a gonflé et est devenue presque noire, puis elle a eu des convulsions et elle est morte. Toute la maison sentait la pisse !

Je me détendis et essayai de sonder calmement mes viscères pour évaluer la gravité de mon mal. Je ne sentais pas l'approche de la mort et n'avais pas l'intuition d'une maladie grave. Je me sentais fatigué, délabré, vidé. Le jour baissait et j'étais allongé, les yeux clos, dans la chambre qui s'assombrissait peu à peu.

Ike revint avec un médecin et alluma la lumière. C'était un Chinois — un des médecins qui délivrait des ordonnances à Ike. Il déclara qu'il ne pouvait s'agir d'urémie puisque j'étais capable d'uriner et que je n'avais pas de maux de tête.

Je demandai :

— Comment se fait-il que je pue autant ?

Le médecin haussa les épaules. Ike m'expliqua :

— Il dit que ce n'est rien de grave. Il dit qu'il faut que tu arrêtes de boire. Il dit qu'il vaut mieux que tu reviennes à l'autre truc que boire comme ça.

Le médecin opina. Puis j'entendis Ike lui demander une ordonnance de morphine dans l'entrée.

— Ike, je crois que ce toubib n'y connaît rien. Il faut que tu fasses ce que je vais te dire. Va voir mon ami Rollins — je vais te donner son adresse — et demande-lui de m'envoyer un bon médecin. Il en connaît certainement un car sa femme a été malade.

— Bon, d'accord, dit Ike. Mais je crois que tu gaspilles ton argent. Ce médecin est excellent.

— Ouais, il est très doué pour les pages d'écriture !

Ike rit et haussa les épaules :

— Comme tu voudras.

Il revint une heure plus tard en compagnie de Rollins et d'un médecin. En entrant, le médecin renifla, sourit et hocha la tête à l'adresse de Rollins. Il avait une figure d'Oriental, ronde et souriante. Il m'examina rapidement et demanda si je pouvais uriner. Puis, se tournant vers Ike, il lui demanda si j'étais sujet à des crises.

Ike me dit :

— Il demande s'il t'arrive d'avoir des crises de folie. Je lui ai répondu que non, sauf que de temps en temps tu fais mumuse avec le chat.

Rollins dit dans son espagnol hésitant et en cherchant chaque mot :

— *Esto señor huele muy malo* et euh *quiere saber por que.* (Cet homme sent très mauvais et voudrait savoir pourquoi.)

Le médecin expliqua qu'il s'agissait d'un début d'urémie mais que le danger était passé. Je devais m'abstenir de boire de l'alcool pendant un mois. Il ramassa une bouteille vide de tequila.

— Une de plus et vous étiez mort, déclara-t-il.

Puis il rangea ses instruments, me prescrivit une préparation contre l'acidité que je devais prendre toutes les heures, serra ma main et celle d'Ike et s'en fut.

Le lendemain, j'étais affamé et je mangeai tout ce que je trouvai. Je gardai le lit pendant trois jours. Mon organisme ne réclamait plus d'alcool.

Quand je recommençai à boire, ce fut modérément et jamais avant la fin de l'après-midi. De plus, je ne touchai plus à la came.

A cette époque, les étudiants GI* étaient *Chez Lola* dans la journée et au *Ship Ahoy* le soir. *Chez Lola* n'était pas tout à fait un bar. On n'y servait que de la bière et des sodas. Il y avait à gauche de la porte d'entrée une glacière pleine de bière et de boissons non alcoolisées. Un comptoir flanqué de tabourets en tubes métalliques recouverts de cuir verni jaune courait le long d'un mur jusqu'au juke-box. Des tables étaient alignées le long du mur opposé. Les tabourets avaient perdu depuis longtemps leurs bouts caoutchoutés et faisaient un bruit horrible lorsque la serveuse les tirait pour balayer. Au fond du bar, il y avait une cuisine où un cuisinier d'une propreté douteuse faisait tout frire dans de l'huile rance. *Chez Lola,* il n'y avait ni passé, ni avenir. C'était une salle d'attente.

J'étais donc assis *Chez Lola* et je lisais les journaux. Au bout d'un moment, je reposai mon journal et regardai autour de moi. A la table voisine, quelqu'un parlait de lobotomie : « Ils sectionnent les nerfs. » A une autre table, deux jeunes gens essayaient de baratiner de jeunes Mexicaines : « *Mi amigo es muy, muy...* » ; le mot ne venait pas. Les filles pouffèrent. Les conversations étaient d'une platitude cauchemardesque, pions doués de parole résonnant sur ces sièges en tubes métalliques, agrégats humains se désintégrant dans la démence cosmique, rencontres de hasard dans un univers à l'agonie.

Je ne me camais plus depuis deux mois. Quand

---

* Jeunes Américains bénéficiant d'une bourse d'étude après leur service militaire. Burroughs était lui-même dans ce cas à cette époque. (N.D.T.)

on arrête, tout paraît terne, mais on ne peut oublier le rituel de la piqûre, l'horreur passive de la came qui semble concentrer toute vie dans le bras, trois fois par jour.

Je ramassai la page des bandes dessinées qui traînait sur la table voisine. Elle datait de deux jours. Je la rejetai. Je n'avais rien à faire, aucun endroit où aller. Ma femme était à Acapulco. Je repris le chemin de mon appartement et aperçus le vieux Ike loin devant moi.

Certaines personnes sont reconnaissables du plus loin qu'on les voit, d'autres ne le sont avec certitude que de très près. Les camés font plutôt partie de la première catégorie. A une certaine époque, le plaisir que me procurait la vue d'Ike faisait grimper ma tension. Quand on est camé, le fourgueur est comme l'être aimé pour l'amoureux. On guette son pas dans le couloir, sa manière de frapper à la porte, on dévisage les passants dans la rue. On peut reconstituer tous les détails de sa physionomie comme s'il était là, sur le pas de la porte, lançant pour la millième fois sa plaisanterie classique : « Désolé de te décevoir, mais je n'ai rien pu me procurer », avant d'épier sur vos traits les alternances de l'espoir et de l'angoisse, savourant le sentiment de sa toute-puissance, le pouvoir de rendre heureux ou malheureux. A la Nouvelle-Orléans, Pat faisait le coup à chaque fois, comme Bill Gains à New York. Ike jurait toujours ses grands dieux qu'il n'avait rien pour moi, puis glissait le sachet dans ma poche et disait : « Regarde. Tu en avais encore plein les poches. »

Mais à présent, je ne prenais plus de came. Pourtant, au moment de se coucher, il aurait été bien agréable d'avoir une dose de morphine, ou, mieux, un mélange de cocaïne et de morphine en parties égales. Je rejoignis Ike à la porte de mon appartement. Je lui mis la main sur l'épaule et il se retourna, son visage de vieille femme édentée s'éclairant d'un sourire en me reconnaissant.

— Salut ! dit-il.

— Ça fait une éternité que je ne t'ai pas vu, dis-je. Où étais-tu ?

— En taule, répondit-il en riant. De toute façon, je ne voulais pas venir parce que je savais que tu avais décroché. T'as complètement décroché ?

— Ouais, c'est fini.

— Alors, tu n'as pas envie d'une dose ? (Le vieux renard souriait.)

— Eh bien...

Je ressentis un peu de l'ancienne excitation, exactement comme lorsqu'on rencontre quelqu'un dont on a été l'amant autrefois, que le désir revient soudain et que l'on sait tous les deux qu'on va remettre cela.

Ike fit un geste d'excuse :

— J'en ai à peu près dix centigrammes. Ce n'est pas suffisant pour moi. J'ai aussi un peu de cocaïne.

— Entre, lui dis-je.

J'ouvris la porte. L'appartement était sombre et sentait le renfermé. Des vêtements, des livres, des journaux, des assiettes et des verres sales jonchaient les tables, les chaises et le parquet malpropre. J'enlevai une pile de revues d'un méchant canapé.

— Assieds-toi, dis-je à Ike. Tu as la came sur toi ?

— Ouais, elle est planquée.

Il ouvrit sa braguette et en retira un sachet rectangulaire, plié comme font tous les camés, une extrémité s'emboîtant dans l'autre. Le paquet contenait deux petits sachets identiques, pliés comme le plus grand. Il posa les deux sachets sur la table et m'examina de ses yeux bruns et brillants. Fermée, sa bouche édentée avait l'air cousue.

J'allai dans la salle de bains chercher mon attirail : aiguille, compte-goutte et coton. Je pêchai une petite cuiller dans une pile de vaisselle sale sous l'évier. Vieil Ike déchira une longue bande de papier qu'il humecta de salive avant d'en entourer l'extrémité du compte-gouttes. Il fixa l'aiguille à cette collerette de papier mouillé, entrouvrit un des sachets de papier huilé avec précaution pour ne pas en répandre le contenu.

— Voilà la cocaïne, dit-il ; fais attention, c'est du costaud.

Je versai le contenu du sachet de morphine dans la cuiller et y ajoutai un peu d'eau. A peu près un demi-grain, pensai-je. Plus près de quatre centigrammes que des dix annoncés. Je craquai une allumette sous la cuiller et la chauffai jusqu'à dissolution complète de la morphine. On ne chauffe jamais la cocaïne. J'ajoutai une pointe de couteau de cocaïne, qui fondit instantanément. J'enroulai une cravate effilochée autour de mon bras en guise de garrot. J'étais tellement excité que j'en avais le souffle court et les mains tremblantes.

— Fais-moi la piqûre, Ike, s'il te plaît.

Le vieil Ike tâta délicatement la veine d'un doigt, tout en tenant le compte-gouttes entre le pouce et l'index. Il avait de l'expérience. Je sentis à peine la pénétration de l'aiguille. Un sang rouge sombre remonta dans le compte-gouttes.

— Parfait, dit-il. Lâche tout.

Je desserrai la cravate et le compte-goutte se vida dans la veine. La cocaïne fit mouche à la tête tandis que la morphine se répandait dans mon corps en ondes calmantes.

— Ça allait ? demanda Ike en souriant.

— Si Dieu a créé quelque chose de mieux, il Se l'est gardé, fis-je.

Ike nettoyait l'aiguille en y faisant passer de l'eau.

— Eh bien, dit-il bêtement, quand il nous convoquera là-haut, on verra bien, pas vrai ?

Je m'assis sur le canapé et allumai une cigarette. Ike alla à la cuisine pour faire du thé. Il commença à me raconter une autre histoire tirée de l'inépuisable saga du Diable Noir.

— Ce salaud a trois clients maintenant, tous les trois pickpockets et qui se débrouillent très bien. Ils achètent les flics. Il donne environ quatre centigrammes pour quinze pesos. Depuis qu'il fait de bonnes affaires, il ne me connaît plus, le salaud. Il ne tiendra pas un mois, tu verras. Le premier gars qui sera arrêté se mettra à table comme ça ! (Il vint à la porte de la cuisine et claqua des doigts.) Il ne fera pas un mois. (Sa bouche édentée était déformée par la haine.)

Quand je m'étais tiré des Etats-Unis, la came était déjà un sujet brûlant. Les premiers symptômes de l'hystérie générale apparaissaient clairement. L'Etat de Louisiane avait voté une loi faisant de tout intoxiqué un criminel. Comme rien n'était très explicite dans ce texte de loi et que le mot « intoxiqué » n'était même pas défini, il n'était pas nécessaire ni utile d'avoir des preuves pour vous arrêter. Pas de preuves et par conséquent pas de procès. C'était une législation policière condamnant un mode de vie. D'autres Etats commençaient à imiter la Louisiane. Je voyais mes chances d'échapper à une condamnation s'amenuiser de jour en jour tandis que la campagne antidrogue devenant une paranoïa obsessionnelle pareille à l'antisémitisme sous les Nazis. J'avais donc résolu de ne pas me présenter à l'audience et de vivre définitivement à l'étranger.

Bien à l'abri au Mexique, je suivais la montée de la campagne antidrogue. J'entendis parler d'enfants intoxiqués et de sénateurs réclamant la peine de mort pour les revendeurs. Je trouvais cela grotesque. Qui voudrait d'une clientèle d'adolescents ? Ils n'ont jamais d'argent et se mettent à table au premier interrogatoire. Les parents découvrent que leur gosse est camé et appellent la police. Ou bien les trafiquants des Etats-Unis étaient devenus idiots, ou alors toutes ces histoires de gosses camés n'étaient qu'un coup monté pour soulever l'opinion publique contre la came et faire passer de nouvelles lois.

Des jeunes types cools et en cavale s'infiltraient au Mexique. « Six mois pour des traces d'aiguille en Californie. » « Huit ans pour possession de seringue dans l'Etat de Washington. » « Deux à dix ans pour revente à New York. » Un groupe de jeunes « hipsters » venait tous les jours chez moi pour fumer de la marijuana.

Il y avait Cash, qui était trompettiste. Il y avait Pete, un blond costaud qui aurait pu poser pour une affiche du jeune Américain type. Il y avait Johnny White, qui était marié et avait trois enfants ; lui ressemblait à n'importe quel jeune Américain moyen. Enfin, il y avait Martin, un beau garçon brun d'origine italienne. Et pas du genre zazou. Le hipster était passé en sous-sol.

J'appris le nouveau vocabulaire en usage : « pot » pour herbe, « tomber » pour se faire arrêter et « cool », mot à tout faire pour ce qui est agréable ou pas surveillé par la police. Inversement, toute chose désagréable est « dure ». En écoutant ces jeunes, je me fis une idée de la situation aux Etats-Unis. Le chaos général où l'on ne savait plus qui était qui, ni où l'on en était. Les vieux camés disaient : « Quand tu vois un type se piquer, tu peux être sûr que ce n'est pas un agent fédéral. »

Ce n'était plus valable. Martin me raconta :

— Un type s'amène et dit qu'il est en manque. Il connaissait les noms de certains de nos amis à San Francisco. Alors les deux gars lui ont donné de l'héroïne et il s'est camé avec eux pendant plus d'une semaine. Et puis ils se sont tous fait arrêter. Je n'y étais pas quand ça s'est passé parce que le type ne me plaisait pas et que, de toute façon, je ne prenais pas d'héroïne à l'époque. C'est alors que l'avocat des deux mecs qui étaient tombés a découvert que l'autre appartenait au Bureau des Narcotiques. C'était un *agent*, un vrai, pas un indicateur. L'avocat a même pu découvrir son nom.

Cash me raconta des cas où deux drogués se piquaient ensemble, et puis l'un d'eux sortait sa plaque.

— Qu'est-ce que tu peux faire ? me dit Cash. Tu comprends, ces types sont eux-mêmes camés. Des types exactement comme toi ou moi, à une petite différence près : ils travaillent pour l'Oncle Sam !

Maintenant que le Bureau des Narcotiques a décidé de boucler tous les camés des Etats-Unis, il lui faut pour opérer un nombre accru d'agents. Pas uniquement un nombre accru, mais aussi un type nouveau. De même qu'au temps de la prohibition, des truands s'engageaient dans le service de répression des fraudes, de même des drogués entrent maintenant dans la brigade des stupéfiants pour avoir de la came gratis et une impunité totale. Il est impossible de faire semblant d'être camé. Un vrai camé s'en apercevrait. Les flics camés s'arrangent pour cacher qu'ils se droguent, ou bien alors ils sont peut-être tolérés en fonction des résultats qu'ils obtiennent. S'il ne veut pas être malade, un flic camé qui doit trouver de la drogue apportera un zèle tout particulier à son travail.

Cash, le trompettiste, qui avait fait six mois de prison pour vagabondage, était un grand jeune homme maigre portant un bouc au poil rare et des lunettes noires. Il était toujours vêtu de chaussures à semelles de crêpe épaisses, de coûteuses chemises en poil de chameau et d'une veste de cuir avec ceinturon. Visiblement, il transportait plus de cent dollars sur son dos. Sa bonne femme avait de l'argent et lui le dépensait. Quand je fis sa connaissance, le couple était presque à sec. Cash me dit :

— Les femmes me courent après. Pourtant je me fous d'elles. La seule chose qui me botte vraiment, c'est de jouer de la trompette.

Il ne cessait de mendier de la came et il était difficile de la lui refuser. Il m'avançait de petites sommes — moins importantes que ce qu'il me coûtait en came — puis déclarait qu'il m'avait donné tout son fric et qu'il n'avait même plus de quoi s'acheter de la codéïne. Il m'expliqua qu'il était en train de décrocher. Quand il était arrivé à Mexico, je lui avais donné un demi-grain de morphine qui l'avait immédiatement défoncé. Je suppose que la came qu'ils vendent aux Etats-Unis est honteusement coupée.

Par la suite, il prit l'habitude de passer tous les jours chez moi pour me demander une « demi-dose ». Ou bien il tapait le vieil Ike qui était incapable de laisser tomber un type en manque. Je dis à Ike de l'envoyer promener et j'expliquai à Cash que je ne faisais pas le trafic, que j'avais seulement une petite provision pour les cas urgents, un ami arrivant malade, par exemple, et que le vieil Ike non plus n'était pas vraiment un revendeur. En tout cas, il ne faisait pas ça pour des prunes. En bref, il ne fallait pas nous prendre pour la Société protectrice des Camés. Après cela, je revis Cash beaucoup moins souvent.

Le peyotl est la nouvelle drogue à la mode aux Etats-Unis. Il ne tombe pas sous le coup de la loi Harrison et on peut en acheter par correspondance chez les herboristes. Je n'en avais jamais pris et je demandai à Johnny White si l'on pouvait s'en procurer au Mexique.

— Oui, me répondit-il. Un herboriste d'ici en vend. Il nous a tous invités à aller en manger chez lui. Tu peux venir si ça te tente. Je voudrais voir s'il a quelque chose que je pourrais revendre aux Etats-Unis.

— Pourquoi pas du peyotl ?

— Ça ne se conserve pas. Il pourrit ou bien sèche en quelques jours et perd sa puissance.

Nous allâmes chez l'herboriste, qui sortit un bol de peyotl, une râpe et une théière.

Le peyotl est un petit cactus dont on ne mange que la partie qui pousse à l'air libre. Cette partie est appelée le bouton. On prépare le bouton en ôtant l'écorce et la bourre, puis en râpant la pulpe qui prend l'aspect d'une purée d'avocat. La dose moyenne pour un novice est de quatre boutons.

Nous avalâmes le peyotl avec du thé. J'eus du mal à réprimer plusieurs hauts-le-cœur. Finalement je réussis à tout ingurgiter et restai assis à attendre qu'il se passe quelque chose. L'herboriste nous apporta ensuite une écorce qu'il prétendit être semblable à l'opium. Johnny en confectionna une cigarette qu'il fit passer à la ronde. Pete et Johnny déclarèrent :

— Formidable ! Il n'y a pas mieux.

J'en tirai quelques bouffées et me sentis partir un peu. J'avais la gorge en feu. Mais Johnny acheta de cette écorce à l'atroce odeur avec l'intention d'en revendre aux camés des Etats-Unis dans le besoin.

Dix minutes plus tard, je commençai à me sentir mal à cause du peyotl. Tous me dirent :

— Fais un effort pour le garder, vieux.

Je résistai dix minutes encore, puis me précipitai aux toilettes pour vomir, mais je n'y parvins pas. Tout mon corps était secoué de spasmes convulsifs, mais le peyotl ne remontait pas. Mais il ne voulait pas non plus rester dans mon estomac. Finalement, je le rendis sous forme d'une boule dure comme une balle de crin, qui eut bien du mal à passer dans mon gosier et faillit m'étouffer. Je n'avais jamais éprouvé une sensation aussi horrible. Après cela, le peyotl fit son effet progressivement.

La défonce du peyotl ressemble à celle de la benzédrine : il empêche de dormir et dilate les pupilles. Tous les objets prennent la forme de boutons de peyotl. Je partis en voiture avec les White, Cash et Pete. Nous allions chez Cash dans les Lomas. Johnny déclara :

— Regardez les bas-côtés de la route, on dirait des plants de peyotl.

Je me tournai pour regarder en pensant : « Quelle idée stupide. Les gens racontent vraiment n'importe quoi. » Mais cela ressemblait effectivement à une plantation de peyotl. Tout ce que je voyais ressemblait à du peyotl.

Nous avions le dessous des yeux enflés et les lèvres gonflées par suite d'une réaction glandulaire due à la drogue. Nous avions de vraies têtes d'Indiens. Les autres prétendaient se sentir redevenir primitifs : ils se vautrèrent dans l'herbe à la manière, selon eux, des Indiens. Quant à moi, je me sentais tout à fait comme d'habitude, mise à part cette sensation d'avoir pris de la benzédrine.

Nous passâmes une nuit blanche à discuter et à écouter les disques de Cash. Celui-ci me parla de plusieurs types de San Francisco qui s'étaient déshabitués de la came en se mettant au peyotl :

— On aurait dit qu'ils n'avaient plus envie de came dès qu'ils prirent du peyotl.

L'un d'eux était descendu au Mexique et avait commencé à en prendre avec les Indiens. Il en prenait régulièrement de grosses quantités : jusqu'à douze boutons en une seule fois. Il était mort de quelque chose que les médecins avaient diagnostiqué « polio ». Mais d'après ce que j'ai compris, les symptômes de l'empoisonnement au peyotl sont identiques à ceux de la polio.

Je fus incapable de dormir avant le lendemain matin à l'aube et j'avais des cauchemars chaque fois que je m'assoupissais. Dans l'un de ces cauchemars, j'avais la rage ; je me regardais dans un miroir, mon visage se transformait et je me mettais à hurler. Dans un autre, j'étais drogué à la chlorophylle. Cinq autres chlorophyllomanes et moi attendions pour en acheter sur le palier d'un hôtel mexicain minable. Nous devenions verts et personne ne pouvait se guérir de la chlorophyllomanie : une piqûre et c'était pour la vie. Nous nous transformions lentement en végétaux.

Les drogués de la jeune génération paraissent manquer d'énergie et de joie de vivre spontanée. Les mots herbe ou came les galvanisent comme une dose de cocaïne. Ils sautent comme des fous en disant : « Extra ! Allez, mec, on y va ! Défonçons-nous ! » Mais après une piqûre, ils s'affalent dans un fauteuil comme des bébés résignés attendant que la vie leur apporte le prochain biberon.

Leurs intérêts me parurent très limités. Entre autre chose, je remarquai qu'ils semblaient moins attirés par le sexe que ceux de ma génération. Quelques-uns laissaient même entendre qu'ils n'éprouvaient aucun plaisir sexuel. Il m'arriva souvent de penser qu'un jeune homme était homosexuel à cause de son indifférence à l'égard des femmes, puis de découvrir qu'il ne l'était pas du tout mais que, tout simplement, la chose ne l'intéressait pas.

Bill Gains jeta l'éponge aux Etats-Unis et gagna lui aussi le Mexique. J'allai le chercher à l'aéroport. Il était bourré d'héroïne et d'amphétamines. Son pantalon était taché de sang à l'endroit où, dans l'avion, il s'était piqué avec une épingle de nourrice. On fait un trou avec l'épingle et on pose le compte-gouttes sur (et non dans) le trou : le liquide s'écoule alors dedans. Avec cette méthode, pas besoin d'aiguille, mais seul un camé qui a de la bouteille peut y arriver. Il faut exercer juste la pression nécessaire sur le compte-gouttes pour que le liquide pénètre. J'essayai une fois : la drogue se répandit au-dehors et fut complètement perdue. Mais lorsque Gains se faisait un trou dans la peau, celui-ci restait ouvert, prêt à recevoir sa dose.

Bill connaissait la musique. Il connaissait tout le monde dans la profession. Sa réputation était excellente et il avait assez d'argent pour acheter de la came tant que quelqu'un en vendrait. J'imaginai que la situation était désespérée pour qu'il fasse ses valises et quitte les Etats-Unis.

— Bien sûr que je peux encore me fournir, me dit-il. Mais si je reste aux Etats-Unis, je finirai par en prendre pour dix ans.

Je pris une dose avec lui et nous évoquâmes nos vieilles connaissances communes.

— Le vieux Bart est mort à Riker's Island. Louie a mal tourné. Tony et Dick également. Herman n'a pas obtenu d'être libéré sur parole. Le « Tordu » en a pris pour cinq à dix ans. Marvin le barman est mort d'une dose trop forte.

Je me rappelai la façon dont Marvin s'évanouissait chaque fois qu'il se piquait. Je le voyais, couché sur le lit d'une méchante chambre d'hôtel, la seringue pleine de sang pendouillant de sa veine comme une sangsue de verre, le tour des lèvres bleui.

— Et Roy ? demandai-je.

— Tu ne l'as pas su ? Il a mal tourné et s'est pendu à Tombs.

Roy avait été arrêté, semblait-il, sur trois inculpations, deux pour vol et une pour usage de drogue. Les flics lui avaient promis de laisser tomber toutes les charges contre lui s'il les aidait à coincer Eddie Crump, un fourgueur bien connu. Eddie ne fournissait que des gens qu'il connaissait bien, or il connaissait bien Roy. Après avoir coincé Eddie, les flics avaient doublé Roy. Ils avaient laissé tomber l'inculpation pour usage de drogue, mais pas les deux pour vol. Ainsi, Roy devait rejoindre Eddie à Riker's Island où celui-ci faisait le maximum de préventive : trois ans, cinq mois et six jours. Roy s'était pendu à Tombs, où il attendait d'être transféré à Riker's.

Roy avait toujours été extraordinairement dégoûté par les mouchards. « Je ne comprends pas comment ils peuvent se supporter eux-mêmes », m'avait-il dit un jour.

J'interrogeai Bill sur cette histoire de gosses drogués. Il hocha la tête avec une satisfaction méchante :

— Oui, Lexington est plein de jeunes mômes maintenant.

Un jour, j'étais au bar Opéra, à Mexico, quand je rencontrai un homme politique que je connaissais. Il se tenait devant le bar avec une serviette glissée dans son col et mangeait un steak. Entre deux bouchées, il me demanda si je ne connaîtrais pas quelqu'un qui achèterait éventuellement une once d'héroïne.

— Ça se peut, fis-je. Combien ?

— On demande cinq cents dollars, répondit-il.

J'en parlai à Bill Gains, qui déclara :

— D'accord. Si c'est du pur ou quasiment, j'emballe. Mais on ne me la fait pas. Faut d'abord que j'y tâte.

J'arrangeai donc les choses avec le politicien et nous nous rendîmes à son bureau. Il sortit d'un tiroir un doigtier qui contenait la came et le posa sur le bureau à côté d'un 45 automatique.

— Je n'y connais rien, dit-il. Moi, je n'utilise que la cocaïne.

J'en versai un peu sur un morceau de papier. Elle ne me disait rien qui vaille. Elle tirait sur le gris-noir. Je pensai qu'« on » avait dû la préparer sur quelque réchaud de cuisine.

Gains se piqua avec mais il était déjà tellement bourré d'amphés et de morphine que cela ne lui fit ni chaud ni froid. Je me piquai donc moi-même et dis :

— C'est de l'héro, mais il y a quelque chose qui cloche dedans.

Pendant ce temps, des gens entraient et sortaient du bureau, sans se soucier le moins du monde de nous qui, assis sur le divan avec les manches relevées, étions en train de nous farfouiller les veines avec l'aiguille. Tout peut arriver dans le bureau d'un politicien mexicain.

Quoi qu'il en soit, Bill acheta l'héro et je partis tout de suite après. Je ne le revis que le lendemain, à onze heures, par une belle matinée mexicaine. Il se tenait à côté de mon lit, cadavérique dans son manteau bleu-noir, les yeux plus dilatés que jamais et brillants dans la pénombre de la chambre aux rideaux tirés. Il restait immobile, le cerveau plein des impuretés de l'héroïne d'amateur se tortillant comme des spirochètes.

— Alors, tu vas rester longtemps sur ton lit comme ça, me demanda-t-il, pendant que les cargaisons arrivent ?

— Pourquoi pas ? fis-je, énervé. On n'est pas dans une ferme, ici... et puis les cargaisons de quoi ?

— De la morphine pure, et de la bonne, fit-il.

Sur ce, il se mit au lit avec moi, avec ses chaussures, son pardessus et tout.

— Qu'est-ce qui te prend ? dis-je. T'es cinglé ?

Et, regardant ses yeux vides exorbités, je vis qu'il l'était.

Je le ramenai chez lui et confisquai ce qui restait du morceau d'héro.

Le vieil Ike se pointa, et nous fourrâmes dix centimètres de laudanum dans le gosier de Bill. Après ça, il cessa de délirer sur « des cargaisons de bonne héroïne pure » et s'endormit.

— S'il crève, fit le vieil Ike, ils vont me foutre ça sur le dos.

— S'il crève, tu te tires, répliquai-je. Ecoute. Il a six cents dollars comptant dans son portefeuille. Pourquoi les laisser voler par on ne sait quel flic mexicain ?

Nous retournâmes l'appartement à la recherche du portefeuille, sans pouvoir le trouver. Nous regardâmes partout, sauf sous le matelas sur lequel Bill dormait.

Le lendemain, Bill était comme un sou neuf, mais il ne retrouvait plus son argent.

— T'as dû le planquer, lui dis-je. Regarde donc sous le matelas.

Il souleva le matelas et le portefeuille s'ouvrit tout seul, gonflé de billets craquants.

A cette époque, je n'étais plus à la came, mais s'il y avait eu une descente à l'improviste, j'étais loin d'être en règle. Il y avait toujours de l'herbe à la maison et les gens utilisaient mon appartement pour se piquer. Je prenais de gros risques sans en retirer un centavo. Je décidai qu'il était temps de changer d'horizon et de descendre vers le sud.

Laisser tomber la came, c'est changer totalement de mode de vie. J'ai vu des camés se désintoxiquer, se mettre à boire comme des trous, et finalement crever en peu d'années. Le suicide est également très fréquent chez les ex-camés. Pour quelle raison un camé s'arrête-t-il volontairement ? Personne ne connaît la réponse. Aucune analyse objective des horreurs et des désavantages de la came ne peut donner l'impulsion initiale pour s'arrêter. La décision d'arrêter la came est une décision cellulaire et quand on a résolu de s'arrêter, il est impossible de s'y remettre de façon permanente ensuite, de même qu'auparavant il était impossible de s'en passer. Comme pour celui qui est de retour d'un long voyage, tout paraît différent quand on revient de la came.

J'avais lu quelque chose au sujet d'une drogue appelée *yage,* utilisée par les Indiens des sources de l'Amazone. Cette drogue est censée accroître la sensibilité télépathique. Un savant colombien en a isolé un produit qu'il a baptisé *télépathine.*

Je sais par expérience personnelle que la télépathie existe. Peu m'importe de prouver l'existence de la télépathie ou de quoi que ce soit d'autre à qui que ce soit. Mais j'avais envie d'acquérir une connaissance pratique de celle-ci. Ce que je recherche avant tout dans mes rapports avec autrui est le contact sur le plan non verbal de l'intuition et de la sensibilité, c'est-à-dire le contact par télépathie.

Apparemment, je ne suis pas le seul à m'intéresser au yage. Les Soviétiques l'utilisent pour des expériences de travaux forcés. Ils veulent induire des réflexes conditionnés d'obéissance et exercer un contrôle total sur la volonté d'êtres humains. L'arnaque parfaite. Pas d'influence à exercer, pas de propagande à faire, rien d'autre que de contrôler le psychisme d'un être et de lui donner des ordres. Cela devrait engendrer de curieuses répercussions, car la télépathie n'est pas un phénomène à sens unique, ni même une simple projection de l'émetteur au récepteur.

Je décidai de me rendre en Colombie pour me procurer du yage. Bill Gains s'est associé avec le vieil Ike. Ma femme et moi sommes séparés.

Je suis prêt à partir vers le sud à la recherche de la défonce pure qui ouvre un monde nouveau au lieu de rétrécir le mien comme le faisait la came.

Se défoncer, c'est voir les choses sous un angle particulier. Se défoncer procure une liberté momentanée contre les exigences d'une chair vieillissante, prudente, ennuyeuse et craintive. Peut-être découvrirai-je dans le yage ce que je recherchais dans la came, l'herbe et la coke. Le yage est peut-être la défonce ultime.

ACHEVÉ D'IMPRIMER SUR LES PRESSES
DE COX & WYMAN LTD. (ANGLETERRE)

N° d'édition : 1810
Dépôt légal : février 1988
Nouveau tirage : avril 1996
Imprimé en Angleterre